Arts & Crafts Movement Master and Masterpiece

艺匠的理想

工 艺 美 术 运 动 大 师 及 杰 作

上海科学技术文献出版社
Shanghai Scientific and Technological Literature Press

Contents

Contents

Part 1

工艺美术运动
英国大师及杰作

Part I

1812—1852

Augustus Welby Northmore Pugin

奥古斯都·韦尔比·诺思莫尔·普金

英国建筑师、设计师，设计理论家，其父奥古斯都斯－查理·普金是法国建筑绘画师，大革命后逃亡英国从事考古。普金小的时候随父亲学习建筑绘画，对哥特建筑尤其热衷。他是哥特复兴风格的倡导者，曾受雇于著名建筑师查尔斯·巴瑞，在1834年威斯敏斯特宫被焚毁后提出改建方案，并获得实施。他还设计建造了众多罗马风格教堂，其中尤以1839年建于利物浦的圣奥斯瓦尔德教堂著名。著有《对比》（Contrasts）、《真实的原则》（True Principles）等著作。

花架

普金约于 1850 年设计制作，印花陶瓷和镀金铁架。现藏于英国维多利亚和阿尔伯特博物馆。

Part I

正如人文历史上曾出现过很多“短命才郎”，在艺术领域更是如此，似乎一个艺术家总的生命能量是恒定的，如果爆发得比较恣意，那么也就比较短暂。普金就是其中一位。他无疑是有才华、有思想的，但同时也是瞬间的，只活到四十岁。普金是工艺美术思潮的先驱性人物，他没有过多地实践于其中，但却为其奠定了基础。他曾经倡导过一系列以当时眼光看来非常新颖的艺术设计理念。他强调重建哥特风格的艺术价值，强调对作品之美观性与实用性要同等重视，这些观点在后来都成为工艺美术精神的基本主张。甚至有评论者认为，没有普金就不会有后来的莫里斯。

对于他所处的那个时代，普金基本上将其命名为“机械时代”。其实，当时的英国机械技术还远远没有达到如后来20世纪机械文明那样的水平；但是如果将其与19世纪之前人们的生活形态相比较，则其中显见的差别对于那个时代的人来说是极为惊人的。从18世纪到19世纪的百余年间，欧洲文明形态的变迁乃是一场烈度极大的“革命”；而从19世纪到20世纪的文明变迁，就机械技术方面来说，则没有达到“革命”的程度和烈度。

在其著述中，普金将14—15世纪普通人的生活景象与19世纪的做了对比性描述：在某一个城区的某一条街道上，两个多世纪之前，这里最伟大也是最贴近人心的建筑是一座教堂；同样是在这条街道上，在19世纪，这里却挤满了乌烟瘴气的大小车间，每一个车间里都是响彻昼夜的机器轰鸣声，以前的教堂钟声被彻底淹没其中。教堂本来是人的心灵家园，但是

瓷砖
由普金设计，生产于1845—1851年。

教堂内部（右图）
这是圣吉尔斯罗马天主教堂东北角的小教堂的内部，由普金设计。

Part I

肖像
英国画家约翰·罗杰斯·赫伯特1845年为普金所绘，现藏于伦敦威斯敏斯特宫。

工厂却在19世纪把教堂淹没了——工厂占据了主导性地位，这也就意味着人之躯体上的需要已经淹没了人之心灵上的需求，由此，人便无异于行尸走肉了。在以前，人们从四面八方来到教堂，是自觉自发的，是出于内心之需求，而如今，人们从四面八方涌进工厂，却是被迫的，是出于赚取果腹之物的无奈；以前，人们的现世主宰是自己，终极主宰是上帝，如今人们则彻底失去了自我——他们的唯一主宰是工厂主，以及日夜转动的机器；以往由中世纪石头建筑汇聚而成的“自然交响曲”，如今已被叮叮当当的金属碰撞的噪音所替代。

除了上述这些外在化的感受之外，普金还有着更为深入的洞察。他认为，从中世纪文明到近代机械文明的转换，乃是一个弃善从恶、弃真从假、弃美从丑的过程，就这样，“真善美”被“假恶丑”所淹没。缺失了这些基本品格，人也就不再有资格成其为人，人间也将不再成其为人间，而是沦为了“地狱”。上述这些论断无疑是深刻的，也是发人深思的，但同时也不免有矫枉过正的嫌疑，因其思绪过于宏大化而有些“避实就虚”。不过普金并非流于“务虚”，他也对符合上述理念的艺术设计提出了原则性意见，其中最重要的两条：首先，艺术设计必须以生活自身为导向，合乎人之理性精神的欲求；此外，艺术设计可以具有装饰性，但不可累赘。他本人也做了为数不少的家具设计，无一例外地都具有简洁、坚实、朴实的特点。他还创办过自己的艺术设计装饰公司，这在当时的英国是颇具先锋意味的，其设计实践也为后来工艺美术运动的众多工坊、行会、公司的创办和运作提供了前导式经验。

1836 年，普金发表了重要著作《14—15 世纪宏大建筑与当代建筑之同类化比较》（又译《对比》），书中普金以其一贯擅长的“比较”方法，对近代建筑设计问题作了系统的批判性历史考察，表明了他在艺术设计问题上的基本价值取向。五年之后的 1841 年，他又发表了《尖拱门或基督教建筑的真实性原则》（又译《真实的原则》）。这两本著作是一个从莫

大本钟

著名的大本钟也是普金的设计作品。

Part I

Part I

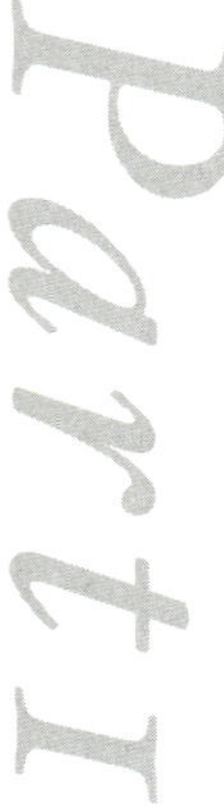

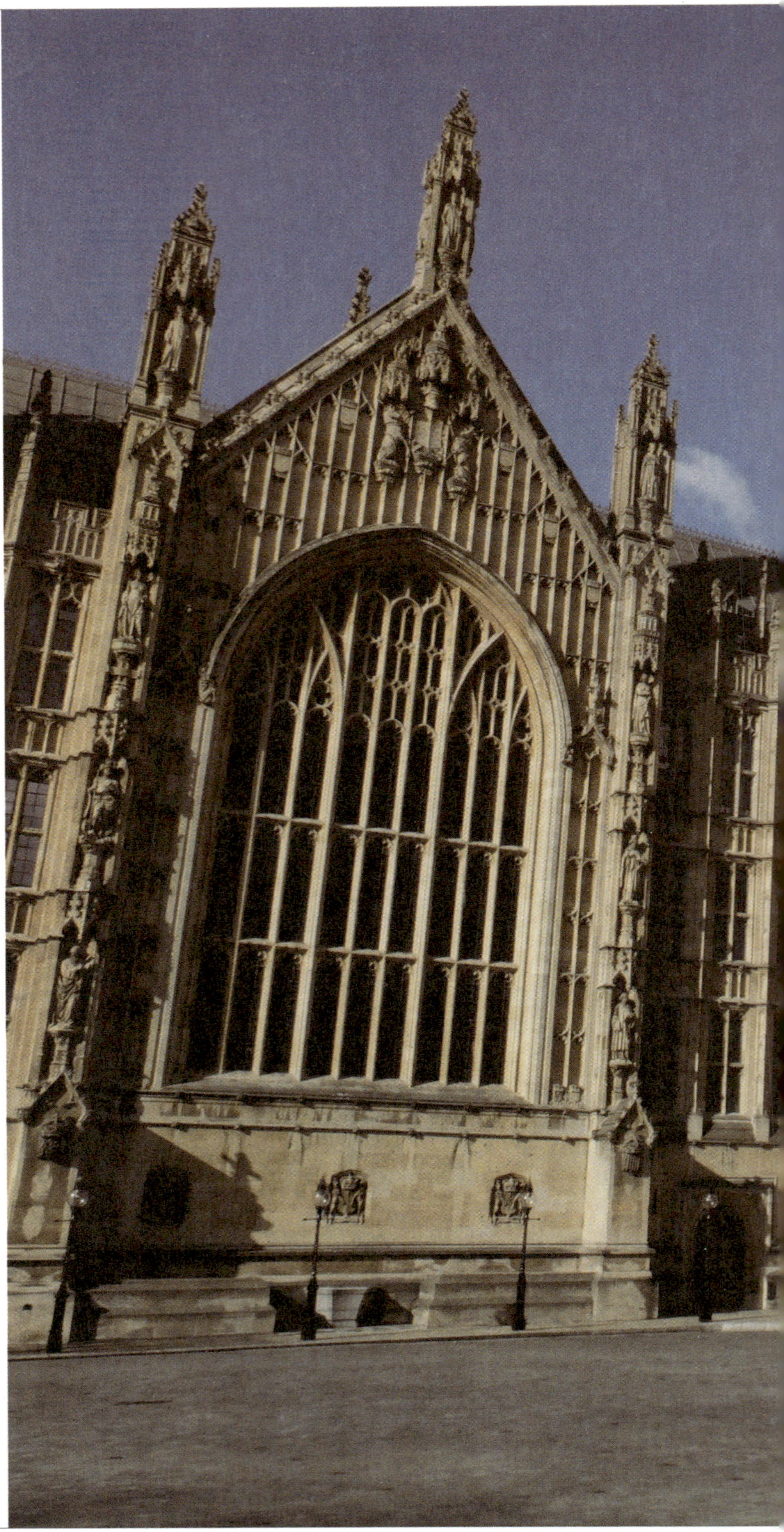

威斯敏斯特宫

在1834年威斯敏斯特宫被焚毁后，普金提出改建方案，于1840年获得实施。

Part I

基到拓展的关系，也是一种由"重批判"转向"重建构"的关系。在后面的这本著作中，普金将中世纪建筑风格中的非机械性特征作了系统梳理，从多个角度对其价值作出了肯定性结论。他用具有讽喻含义的文本手法，表达了对19世纪建筑设计装饰生态的厌恶之情，并且将这一切恶果之源，都归于机械工业文明的狂飙突进。

普金对于中世纪的亲近不是偶然的。他自小就对中世纪建筑非常熟悉，这得益于他的家庭熏陶。他的父亲奥古斯都斯－查理·普金（Augustus-Charles Pugin，1762—1832）是一位建筑绘画师，尤以其所著《哥特建筑范例》（Specimens of Gothic Architecture）和《诺曼底建筑遗存》（Architectural Antiquities of Normandy）闻名于世。普金的父亲曾经为英国复兴主义代表人物约翰·纳什（John Nash，1752—1835）描绘过建筑图纸，同时也参与过对中世纪建筑（尤其是哥特风格建筑）细部的绘制工作。受家庭的影响，普金从十五岁起就开始做一些家具和室内器皿的设计与制作。1835年对于普金来说是一个重要年份，这一年他正式皈依了天主教，由此从内心深处播下了亲近中世纪特定精神形态的种子。他所从事过的一个比较重要的项目，是1836年英国国会大厦部分建筑的重建工作，即著名的威斯敏斯特宫（Palace of Westminster）的建造。这既是一座宫殿，其实也是一座教堂，并且被誉为世界十大教堂之一，其建筑主体曾于1834年被火灾所毁，重

肖像

查尔斯·巴瑞是英国19世纪最伟大的浪漫主义建筑家。

教堂外景
由普金设计的圣弗兰西斯沙维尔教堂位于澳大利亚新南威尔士。

建工作是在普金的主持下进行的。可以想见，在他的改造下，这座英国国会的重要建筑获得了更为鲜明的中世纪色彩。

1836—1843 年普金受雇于著名建筑师查尔斯 · 巴瑞（Sir Charles Barry，1795—1860），在 1834 年威斯敏斯特宫被焚毁后提出改建方案，于 1840 年获得实施。他还设计建造了众多罗马风格教堂，其中尤以 1839 年建于利物浦的圣奥斯瓦尔德教堂著名。

不过需要说明的是，普金本人对于中世纪风格的珍视，并非完全出于对中世纪历史价值的“怀旧情绪”，而是具有非常清晰的“当下考量”。

Part I

圣伯纳德修道院
由普金 1839 年设计。

他认为建筑应该传达与表现人的需要和目的，而不应一味地追求民族传统与久远风格的复兴。这种观点表明，他对于中世纪精神的回溯与强调，其实是将眼光瞄着当下人的精神状况的：当时的人们和社会所欠缺的，就是中世纪的某些精神特质，如朴素、纯真和博爱。当时的英国经过百年工业文明之洗礼，已越来越深刻地进入到“机器信仰”的年代，普金试图重新召回人们的“本我信仰”，他试图将人们从当下所处的繁复喧嚣的技术世界，拉回到相对清爽的本真的生活世界。他希望恢复建立一种建基于人之自我内心体验的“软性”社会秩序和心灵秩序，以取代近代科学技术带来的机械化的“硬性”秩序。在艺术设计的形式问题上，他倡导朴实与简单，认为唯有如此才能体现设计与生活的双重真实：“那些用机器生产制作出来的室内装饰，其品位是低下的，那些银质器皿，全都是绚烂而庸俗的；这

盘子

普金1850年设计的面包盘，瓷器。盘子边缘写着："Waste Not，Want Not"（吃多少拿多少），普金所强调的艺术审美中的道德含义，于此可见一斑。现藏于英国维多利亚和阿尔伯特博物馆。

些严重损害了我们的艺术与创制的价值。"推崇设计风格上的中世纪特征（以哥特风格为主），以及主张在艺术设计与产品制造中的"真实性原则"，是普金所终生坚持的。这两个原则之间具有一种"意义交叠"的关系，但它们却又有很大不同：中世纪风格虽然率真，但却主要是宗教意义上的真，信仰含义上的真，而不是世俗理性意义上的真；与此同时，中世纪风格也由于其致力于描绘和想象"天堂之国"的景象，而具有非常繁复的附加性装饰。工艺美术运动的基本理念是拒绝附加性装饰。另一方面，所谓的"真实性原则"又并非仅有宗教信仰之一途——机械工业文明之下也可有某种程度或限度上的"真实"。在普金身上所体现出的，其实是神圣与世俗两种维度上的意义联合。普金对于后人的影响，尤其是对于拉斯金的影响，也就体现为上述这个"两种维度上的意义联合"。

Part I

1819—1900

John Ruskin

约翰·拉斯金

英国艺术家、文艺评论家、作家，被誉为维多利亚时代英国艺术趣味的代言人。生于伦敦，毕业于牛津大学，年轻时数次游历意大利。其众多理论性评介文章及其中的艺术哲学思考，对于工艺美术运动及新艺术运动都产生过深刻影响。他的艺术主张主要有：在设计上回溯到中世纪的传统，恢复手工艺行会传统；向自然学习，从自然形态中汲取营养；真实、诚挚、形式与功能相互统一；设计的实用性目的。拉斯金认为艺术设计须依靠两条原则，一是对现实和自然的观察；二是具有表现现实的构想力和创造力。他的设计理论具有强烈的民主色彩，强调设计应为大众服务，反对精英主义理论。他本人也是多才的艺术家，作品甚多。1869—1879 年出任牛津大学首任斯莱德艺术教授。其著述有《威尼斯之石》（Stones of Venice）、《建筑的七盏明灯》《艺术的政治经济》（Political Economy of Art）和《时间与潮流》（Time and Tide）等。

风景画

拉斯金描绘的意大利阿马尔菲的景色。

Part I

《透纳自画像》
透纳是英国最为著名、技艺最为精湛的艺术家之一，19世纪上半叶英国学院派画家的代表。他以擅长描绘光与空气的微妙关系而闻名于世，尤其对水汽弥漫的掌握有其独到之处。

约翰·拉斯金1819年生于伦敦。1843年出版《现代画家》（Modern Painters）一书，追捧现代风景画家，尤其确立了约瑟夫·马洛德·威廉·透纳（Joseph Mallord William Turner，1775—1851）在现代风景画方面的权威地位。在艺术史上，通常将拉斯金视作普金的继承者。其实这种观点还是值得商榷的：从出生年代来说，拉斯金仅比普金晚出生七年，他们大致属于同时代人，并且拉斯金比普金寿长数十年；从思想遗产的角度来说，拉斯金的艺术设计理论也比普金的更为丰富、系统。他们之间还有一点明显的差异：拉斯金的理论成果主要来源于自己的观察和沉思，而普金的思想成就则主要来源于他本人的设计实践。从这个意义上来说，普金比拉斯金更贴近艺术设计本身。

但不管怎么强调两人之间的差异，有一个观点是他们所共同具有的，即他们都强调对于中世纪艺术精神与生活理念的借鉴，都强调信仰和信念对于艺术和生活的重要性，只是普金强调的是人格化的上帝所赋予人的信仰和信念，而拉斯金更加强调建立在对自然的贴近和膜拜之上的信仰与信念。在1849年出版的《建筑的七盏明灯》一书中，拉斯金明确提出，手工艺术就是人类面向自然等神圣之物所作出的一种献身方式；所有手工设计的真实性，均依赖于“手工”之法；同时，由于“手工”即意味着与自然（以及上帝）的最朴素、最无隔阂的贴近，所以符合手工理念的生活，也就是最合乎神性要求的生活形态。

在神圣维度之外，拉斯金还更看重“手工”在世俗维度上的含义。这涉及所谓劳动价值问题。他提出的一个疑惑是：当艺术设计和艺术制作环节都可以被机械化的标准程序来完成时，人的作用到底还剩几何？机械文

《海上渔夫》

这是透纳1796年在皇家艺术学院展出的第一幅油画。

Part I

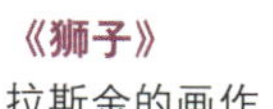

《狮子》
拉斯金的画作。

书柜和写字台（左图）由理查德·诺曼·肖在 1861 设计。采用了多种木材，包括橡木、乌木、花梨木、胡桃木、枫木等，现藏于英国维多利亚和阿尔伯特博物馆。

明当然不能完全取代人的作用，但却至少是极大程度地降低了人的作用；而失去了这些作用的人又从何处来寻求自身存在的意义呢？在此，拉斯金所质疑的并非是笼统意义上的“机械文明”，而是具体的“机械程序”，即那种几乎完全脱离了人的作用的“被动的机械性”。在机械化的生活机制下，所有的价值都越来越物化了，就连人自身也愈加物化——人成了劳动力商品。经由机械程序的标准化过程制作出来的艺术品或设计品，其中再也看不到多少属于人自身的鲜活和灵动，剩下的只是机器的冷漠和沉闷。出于这种深刻忧虑，拉斯金在《建筑的七盏明灯》“生活明灯”的章节中强调，如果说在生活中缺少了机械和工业是一种“缺憾”的话，那么生活中缺少了艺术（手工设计）就将是一种“残忍”。在缺憾与残忍之间，孰重孰轻，无须多言。拉斯金认为艺术就如同食物和居所一样，对于人的生活和生存来说是不可或缺的。对于自己所坚持的事业，他充满了理想主义情怀。1852 年，他在写给父亲的一封信中说：“我有一种难以道清的强烈本能，驱使我去描绘和叙述我所热爱的东西，不是为了虚名，也不是为了逢迎，更不是为了小利；对于我来说，这种欲望就如同饮食本能一样，是

Part I

书籍插页

莫里斯所著《乌有乡消息》的卷首插画，画面中的所谓“老房子”正是以莫里斯的凯尔姆斯考特庄园为原型的。

别无选择的。”

1859年，拉斯金完成了另一著作《威尼斯之石》（The Stone of Venice）。这是一本涉及广泛话题的作品，其中不仅谈到建筑设计问题，还谈到了宽泛意义上的社会文化问题，并且深入辨析了工业文明社会中的社会劳动分工的形成和利弊，其中有些提法与马克思所说的“劳动的异化”问题比较相近。可以说，这本书讨论的是综合性的人类生活问题，在一定程度上可以被视作莫里斯的《乌有乡消息》（News from Nowhere）的并肩之作。拉斯金在书中提出了一个非常重要的问题——何为“生活乐趣”。这是他所有人文思考的核心问题。其基本观点认为，机器导致了人的思维模式和行为方式的程式化——自从人们发明机器并看到了机器的方便之处后，人们的思想和行为便不再是直接面向事物本身了，而是首先面向机器，然后再通过机器而间接地指向事物本身。举例来说，当我们打算设计制作一把椅子的时候，在没有机器制作机制的状态下，人们要直接地在头脑中思考椅子本身；但有了机器化程序之后，人们头脑中直接思考的是“制造椅子的机器”，而不再是椅子本身。其结果是，一方面在人与椅子（以及所有外部事物）之间平添了一个“机器中介”，另一方面也使得人的思维方式开始逐渐异化：人的直接的思维对象不过是这样那样的“机械装置”，而缺少了原本具有的丰富性和活化性。这对于人的思维能力来说无疑是一种负面的阻滞。

此外拉斯金还强调，由于分工的出现，每个人最后都只拥有一点零星的、孤立的知识或技能，这些由很多人分散掌握、处于孤立状态的知识和技能，只有在被联合运用的时候方能起到完善的效用，舍此之外，任何单个的个人、单独地使用自己所掌握的知识技能，什么事情都做不成，甚至连一个最小的作品都无法独立完成。如果说人必须建立起社会化群体生活才能生存、生活得更好的话，那么上述这种过细的技术分工则是到了“过犹不及”的境地，其结果导致每一个人都不再是一个相对完整的自我存在，人们彼此之间的依存度前所未有地提高了，但也因此而增添了彼此间的紧张与压力。在拉斯金看来，这种紧张关系的本质乃是由于机器的介入而引起的。

《塞纳河及其小岛》
拉斯金的绘画作品。

不难看出，拉斯金的关注点是多层面、多角度的，其中既包括人与机器之间关系的问题，也包括人与人之间关系的问题，在整体上则又涉及人与自然之间关系的问题，进而在最根本的意义上，乃是关乎人之存在意义的问题。了解到这几点，也就不难理解拉斯金对于 1851 年英国伦敦博览会的水晶宫建筑所持的失望情绪了。对于这届博览会之主要场馆的水晶宫，拉斯金的第一反应是一声叹息，认为这座建筑固然庞大、恢弘，但却仅仅是一个搭建起来的机械框架，在这个巨大的空间中，包藏的是无尽的空虚，从中看不到也感觉不到任何实在性。在他看来，这座水晶宫所反映出的仅仅是人们审美鉴赏能力与认知理解能力的肤浅与浮泛，以及心灵上的冷漠与理智上的苍白。在他的世界里，如果说手工制作表征了生命的话，那么机器制造就无异于死亡。

在拉斯金的设计理念中，还隐含了一些与“总体艺术”（Total Art）概念有关的成分。这一观念在后来的新艺术运动（Art Nouveau）中也是一个重要元素。拉斯金的关注点首先不是狭隘意义上的艺术设计领域——即便是在这个狭隘意义范围之内，他所关注的也并不只是工艺设计领域，还涉及架上绘画、雕塑等更为纯粹的艺术门类。在他看来，所谓的艺术分类都是人们出于方便的考虑而刻意作出的，在实际的艺术设计创作中，是没

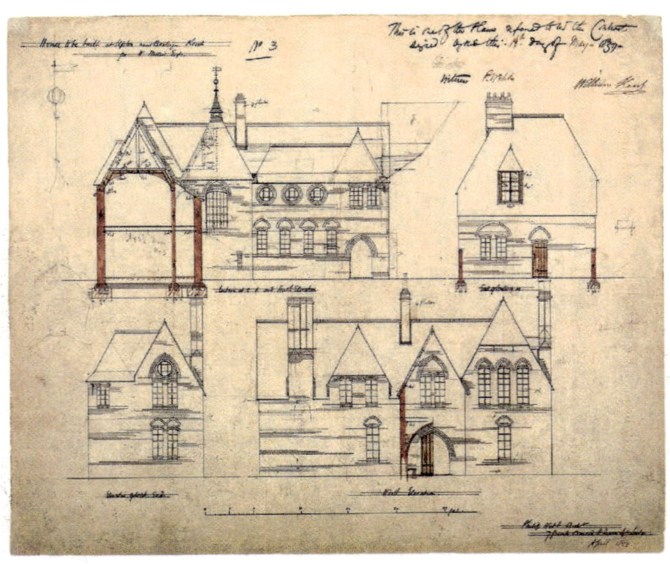

建筑图纸
菲利普·韦伯为红房子所做的建筑立面图，现藏于英国维多利亚和阿尔伯特博物馆。

《约翰·拉斯金的肖像》

米莱斯于 1853—1854 年创作的布面油画作品。

Part I

有截然清晰的界限的。如任何一座建筑作品，它既包含了可以被视作绘画作品的图纸，也包括了建造效果之直观表现的立体造型环节，也就是说，任何一个建筑作品其本身就可以被视作一个体量较大的雕塑品；反过来，当它展现在人的眼前时，它在人心中所投射的映像又是一幅巨大的绘画作品。在这里，拉斯金要处理的问题，已经不仅是关于艺术创造的问题了，而且还涉及了艺术理解问题。

正是基于上述这种思维方法和体验方式，拉斯金本人才对“神圣”“神性”等概念赋予了更为丰富的解释意涵：他拓展了人们的宗教情绪的关联范围，人们的神性意识不再局限于由《圣经》所描绘出的上帝与上帝之国，而是将其与自然主义观念建立起了全面的姻亲关联——一草一木、一石一水，无不是上帝本质的一个“侧显”，而世俗之人所设计建造的居所，也自然地就是天堂在尘世间的一个“映像”。认识到这种含义关联之后，尘世之人也就无须再为其世俗居所添加什么外部的装饰来彰显神性了。在拉斯金的艺术理解方程式中，特别强调了“想象”的作用。艺术设计在根本上乃是一种自由的创作——“自由”当然也包含了“想象”的自由，当然

《沙夫豪森的瀑布》
拉斯金的绘画作品。

瓷砖

四方形的瓷砖表面是用相互交替的雏菊和枝叶装饰的，并用印花与手绘技术完成上色。该瓷砖作品由辛普森父子于1881年生产，与10年前威廉·莫里斯手绘的“九方枝”有异曲同工之妙。

需要最大限度地打开“想象”的空间。而这一点，正是机器文明时代的机械程序所无法做到的，因为机器所强调的是准确性、可重复性、规范性、可控制性，这一切都与“自由”相背离。除了“想象”之外，拉斯金还特别突出了头脑与手脚相结合对于艺术设计的重要性，他说：“一个人总是干思考的事，另一个人总是干动手的事，我们就说前者是高尚贵族，后者是平凡的技工？其实思考者也应动手，动手者也要思考，两相结合才是真正的高尚。”在此，他进一步丰富了所谓“总体艺术”的内涵，主张应该适当地打通各个艺术门类之间的划界和隔阂，例如，工匠应该多动笔设计图纸，画家应该多去工厂观摩实景，雕塑师也应与建筑师多多沟通，等等。所有这些都可以被归结为一句话：技术与艺术相互贯通、彼此结合。

除了自由著述之外，拉斯金还于1854年受邀在英国一所设计工坊担任教导职务。这所设计工坊其实是一个兼具工坊和学校两种性质的组织，旨在“审美知识的持有者与手工技术的持有者之间”建立起桥梁，也就是促进“艺术与技术的结合”。在这里，拉斯金虽然并不直接从事艺术设计实践工作，但却以其理论著述提升了不少手工设计人员的审美素养，从而间

雕塑
柏拉图是古希腊伟大的哲学家，也是西方哲学乃至整个西方文化领域最伟大的哲学家和思想家之一。

《圣安布罗基奥布道坛》（左图）
拉斯金约1845年创作的建筑水彩画，表现的是中世纪的宗教生活题材。现藏于英国维多利亚和阿尔伯特博物馆。

接地起到了改良艺术设计的作用。此外，这个组织在一定程度上还是拉斯金倡导其手工理念、反对机械文明的试验基地，由他带头，引导了多次针对当地机械工业建设项目而开展的“斗争”。拉斯金越发激进的主张集中体现在他于1857年所做的一场名为《艺术的政治经济学》的演讲中，从题目就可以看出，艺术问题已经被拉斯金泛化为政治问题、经济问题了。也许他后来的艺术设计理念是有些过度地社会化了，过度地消弭了艺术与其他问题之间的界限，但他的很多思想却实实在在地具有振聋发聩的效果，也对莫里斯起到了极大的启示作用。

在近现代艺术设计领域，有好几个人物不仅仅是设计师或艺术家，更在一定程度上是哲学家。拉斯金就是这样。他是一个百科全书式的人物，也是一个柏拉图式的理想主义者。他对于世界有着比别人更为完整、融通的认识和理解。在他眼中，艺术既不是单方面的感性事物，也不是单方面的理性事物，而是两者的共融结合；艺术也不是宣泄，更不是消遣，而是一种庄严。他的所思所想，为自从文艺复兴以来就被视作一个单独人文门类的艺术领域，重新打破了界限的狭隘，为艺术概念注入了更多的伦理、道德因素。当然，所有这一切认识，都是建立在他人本主义情怀基础之上的。此外，他还在艺术设计范围内重新诠释了古希腊哲人柏拉图（Plato，约前

Part I

角柜

这一款由沃塞于1898年设计的红木，上部以竖立的板条为特色，每条板条上都有一个心形镂雕，这是工艺美术运动中极受欢迎的装饰元素。

427—前347）的基本观点：世界其实有两种存在形态，一种是时时刻刻处于流变无居之中的“现象界”，另一种是在任何时候都长久存续存在的无生无灭的“理念界”。柏拉图认为现象界是虚妄的，理念界才是可以信赖和值得追求的。他对柏拉图的“两个世界”的说法稍作变动，认为世界本身一方面是技术的世界，另一方面是生活的世界，二者之间的区别就是浮泛与纯真之间的差别。在这里，“生活”这个词被他赋予了更为专业性的含义，它大概是指人经由其直接体验而获得的全部感受的可能性，这里面不再包括技术性成分，因而与技术性世界划清了界限。拉斯金认为，工艺美术对于人的意义和价值，就在于它可以帮助人们超越19世纪的技术性世界，重新面向本真性的生活世界。

与以奥斯卡·王尔德（Oscar Wilde，1856—1900）为代表的唯美主义者所强调的“为艺术而艺术”有所不同，拉斯金认为没有哪一种与生活完全脱离的东西可以独立地称之为“艺术”；因而，与其说美在艺术之中，不如说美在生活之中——艺术之中的美，是美的现象，而生活之中的美，才是美的实在。对于“美”，除了生活之外，我们无以他寻。与“生活”概念紧密相关的是人的“大众性”概念，因为，或许并非所有人都身处“技术”之中，但是任何人却都是处在“生活”之中。而拉斯金在19世纪所着力批判的，就是那个时代的艺术家和设计师对于生活本身的偏离，他认为他们“已经脱离了日常生活，一味地沉醉于古希腊与古罗马的迷梦；这种只被少数人理解、感受而不能让大众了解的艺术，又有多少意义呢”。拉斯金得出的结论是，“真正的艺术必须为普通民众而作”。柏拉图通过

奥斯卡·王尔德

爱尔兰作家、诗人、戏剧家、艺术家，唯美主义艺术运动的倡导者。生于都柏林一个有卓越背景的家庭，父亲是外科医生，母亲是诗人与作家。王尔德毕业于英国牛津大学，在学期间受到文艺启蒙家拉斯金等人审美观念的影响，此外还接触了新黑格尔派哲学、达尔文的进化论等，并对拉斐尔前派美术作品表示认可，这为他后来成为唯美主义先锋作家确立了理念基础。

Part I

瓷砖

为了能让表面的牡丹花更为逼真，由英国约克郡商人亨利·丹尼尔于1872年创立的克拉文·丹尼尔公司在完成了设计的基本轮廓后，再进行后期的手工着色。该瓷砖的设计理念来自于威廉·德·摩根。

Part I

他的对话录为人们建造了一个天上的理想国，拉斯金则试图通过他的思考和实践，为人们建造一个地上的理想国，一个对所有普通民众都有效的理想生活状态——1875年，拉斯金发起成立了“圣乔治（Saint George）”互助会，鼓励人们远离喧嚣，重归乡村的静谧；他亲手起草了《互助会宣言》和行动方案，自己作为这条并不好走的征途上的开路先锋，实践着自己的愿景希望。

英国19世纪手工艺运动的代表人物，都是一些关心大国风云和民族命运的思想家。他们不仅关注文化艺术对于现代文明进步的意义，更关注战争与和平对现代民族国家及其人民的重大影响。尤其是拉斯金等人，他们不仅关注战争在事实上给现代人带来的灾难，更从理论上探讨战争的性质、类型与根源，并对非正义战争展开激烈的批判。手工艺运动中的思想家们从战争的根源入手来揭示战争的性质。拉斯金做过这样的陈述：“欧洲财富的运作形式非常糟糕，使得整个资产阶级的财富都用来支持非正义战争。正义战争不需要这么多的金钱支持，但是对非正义战争来说，人的肉体和灵魂都必须用金钱来购买。此外还有最好的战争工具需要购买，这使得这样的战争的成本高到无以复加。就像当时的英、法两国一样，每年花 1000 万英镑，旨在让对方惊恐不安。……一切非正义战争倘若不是通过掠夺敌人来获得经济支持，则只能通过资本家贷款来维持，而这些贷款随后将通过对人民征税来偿还。人民不愿意发动战争，资本家的意愿是战争的主要根源，但是其真正的根源却是整个国家的贪婪。”

《系蓝色领结的自画像》
拉斯金约作于 1873 年。

Part I

Part I

1831—1915
Philip Speakman Webb
菲利普·斯皮克曼·韦伯

英国建筑设计师，有“工艺美术运动建筑之父”的称誉。在 1856 年结识其终身的密友威廉·莫里斯之前，韦伯一直在各处学习并接受各种设计训练。三年后，他俩在英国肯特郡的乡间贝克斯利希斯，共同设计了被后世誉为工艺美术运动标志性建筑的“红房子”。这也是他第一次独立设计建筑，这个作品确立了他的建筑原则，即结构完整性和建筑与环境文化的融合，反对滥用装饰。菲利普·韦伯不落俗套的设计复兴了英国本土设计，他也被后世称为工艺美术运动领袖之一。

过道

这是红房子里一处通往仆人房间的过道，由菲利普·韦伯设计。

扶手椅
1861—1862 年由菲利普·韦伯设计，莫马福公司生产出品。仿乌木材质。

水井（左图）
红房子院子里的水井，韦伯为其设计了中世纪的尖顶。

菲利普·韦伯 1831 年 1 月 12 日出生于英国牛津。祖父托马斯·韦伯，父亲查尔斯·韦伯是牛津的博士，而韦伯的中间名则来自其母亲的闺名伊丽莎白·斯皮克曼。韦伯幼年在北安普敦郡学习文法，但这并非他的个人意愿。1846 年父亲的去世让 15 岁的韦伯有机会自己选择未来的前进方向。一开始他在一家建筑公司里做学徒，之后前往伍尔弗汉普顿并成为一名建筑设计助理。随后韦伯又前往伦敦，正值建筑师乔治·埃德蒙·斯屈特（George Edmund Street，1824—1881）将他的事务所由牛津搬迁到伦敦，韦伯便继续在斯屈特门下研习建筑设计。也正是在这九个月的学习期间，菲利普·韦伯结识了其终身密友威廉·莫里斯。19 世纪 50 年代，韦伯和莫里斯以及查尔斯·约瑟夫·福克纳（Charles Joseph Faulkner，1833—1892）一同游历法国，他们在参观各大教堂时深深地被精美的挂毯所吸引。也正是这次旅行影响了他们的艺术观，激发了韦伯等人对于中世纪哥特风格复兴实践的兴趣。

1859 年，韦伯受莫里斯之邀，和其一同在肯特郡的乡间贝克斯利希斯设计著名的“红房子”，韦伯担当建筑的总体设计。红房子外观宽敞，总体上韦伯采用了非对称的样式，如果从空中俯视或看它的中截面的话，整个建筑表现为一个近乎字母 L 的格局。建筑房间的窗户都具有非常好的通

Part I

Part I

圣乔治边柜（上图和右图）

这是 1861 年由菲利普·韦伯设计，莫马福公司出品的第一件家具，整个柜子具有明显的中世纪气质，柜门上描绘了圣乔治的故事。材质为红木、松木和橡木，现藏于英国维多利亚和阿尔伯特博物馆。

瓷砖

这类绘有各种鸟儿的青花瓷砖也出自菲利普·韦伯之手。尽管韦伯是莫里斯公司中负责家具设计的主要人物之一，但是在其他装饰艺术领域中，他同样享受着设计带来的快乐。

Part I

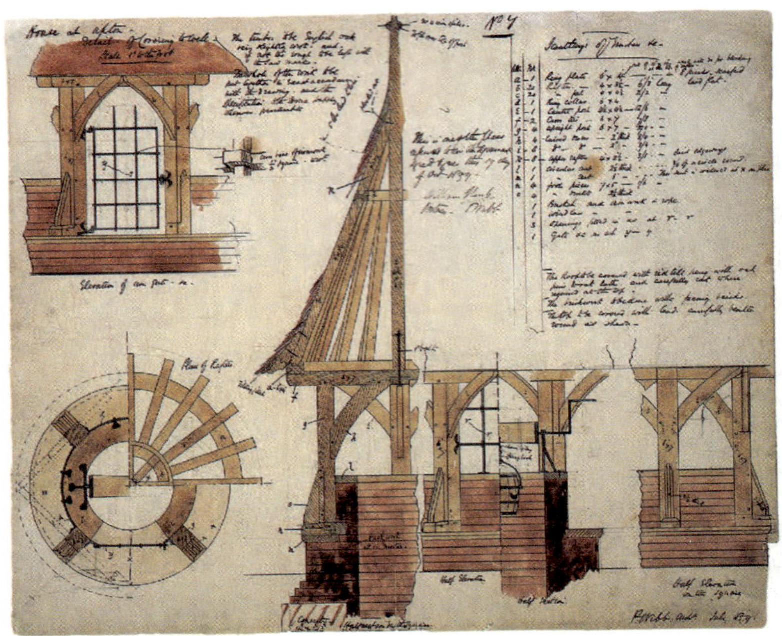

建筑图纸

韦伯 1859 年为莫里斯“量身定做”的红房子的图纸。

透性，采光效果颇佳。韦伯致力于通过使用当地材料和建筑技术来表达真正意义上的历史风格，实现其结构完整性和建筑与环境文化的融合。韦伯采用了陶土砖、托梁砖结构、磨面砖拱和圆形孔，整体建筑呈不规则的平面，红砖砌成的外墙在阳光下显得十分醒目。受到法国之行的影响，韦伯设计的红房子最鲜明的造型特点是它的几个尖顶，这很容易令人联想到哥特风格的建筑形式。这栋房子虽然是一个面向世俗日常生活之需要的居住空间，但是从其尖顶结构中也可以发现教堂的影子，身居其中可以感受到某种神圣性。更有意味的是，它还配备了高高的烟囱，这个在纵向维度上展开的结构直指天空，与主体建筑在横向维度上的展开相交叉，可以被视作一个另类的十字架。德国建筑师赫尔曼·穆特休斯（Hermann Muthesius，1861—1927）赞誉红房子为“现代住宅史上的首创，赋予住宅以全新的艺术文化含义”。

1906 年，菲利普·韦伯又为莫里斯在伦敦的寓所客厅设计了一把美轮美奂的高靠背长椅，这把椅子完美地诠释了工艺美术运动的主旨。首先

高靠背长椅

这把椅子完美地诠释了工艺美术运动的主旨，高耸的靠背展现了这件家具在纵向空间维度上的垂直性与挺拔感，

Part I

餐边柜

1862 年由菲利普 · 韦伯设计，莫马福公司出品。仿乌木材质，配以铜把手和铜铰链。其结构也颇具哥特风格。现藏于英国维多利亚和阿尔伯特博物馆。

莫里斯椅

1865 年韦伯为莫里斯公司所设计的一款带轮子的可调节靠背扶手椅，其木工精湛，结构牢固，座靠面包覆的是精美的乌德勒支天鹅绒。

Part I

碗柜

这款以“龙血”红涂漆为特点的大型碗柜，由韦伯于约 1860 年设计，是他在为莫里斯设计了红房子之后，又为其餐厅所添设的家具作品。

高耸的靠背展现了这件家具在纵向空间维度上的垂直性与挺拔感，从而展现了工艺美术风格对于中世纪哥特式建筑的回溯。其次靠背上部及扶手两旁大量有关自然植物花卉的手工曲线造型，则体现了工艺美术运动对于机械的着力反对，以及对于自然的认同，这种认同包括“手工”与“自然”两个方面，也就是所谓的“自然主义”与“自然设计”。整件作品充分体现了韦伯对于莫里斯有关工艺美术运动的主张之诠释，即以新的装饰反对做作的矫饰，倡导精致合理的设计，保存手工艺，抵制大工业生产的粗制滥造。简而言之就是“用美与技术相结合，来为民众的生活服务”。

红房子的成功也促成了莫马福公司的成立。1861 年由莫里斯发起，与韦伯以及其他几名同好一起成立了莫里斯－马歇尔－福克纳联合公司，简称莫马福公司。公司选址伦敦红狮子广场 8 号。这个公司的成立，标志着莫里斯工艺美术理念的有形化，以及其设计实践业务的扩大化，并且证

圆桌

1865 年由菲利普·韦伯设计的橡木工作台，有着复杂的几何造型，桌腿装饰灵感则来自竹节。

Part I

边几

这张橡木边几由菲利普·韦伯设计，莫马福公司出品，现由私人收藏。

Part I

明了莫里斯对于其他设计师以及社会民众的影响越来越明显化了。公司出品了许多由韦伯设计，同时体现莫里斯手工设计理念的椅子、桌子、橱柜等，这些作品大多采用具有自然风格的木料制作而成，在结构和局部细节的创制上多极尽艺术想象之能事。韦伯的家具设计全面地展示了其对中世纪的回溯，以及对艺术复杂性的探索。

1867 年韦伯参与为伦敦设计南肯辛顿博物馆（今英国维多利亚和阿尔伯特博物馆），得到公众的一致好评，此后他开始独自设计并承接大型民用建筑。1868 年，韦伯为九世卡莱尔伯爵乔治·詹姆士·霍华德（George James Howard，1843—1911）设计了位于伦敦的私宅。乔治·霍华德本身就是一名艺术家，同时也是莫里斯和伯恩－琼斯的好友。他在坎布里亚郡附近有一处产业，名叫内沃斯城堡（Naworth Castle），韦伯也受邀为其重新设计规划了内沃斯城堡中的客厅、图书馆以及小礼拜堂。1875 年，莫马福公司由于合伙人之间发生了严重的意见分歧，公司正式解散。但不久莫里斯重新组建了完全由自己独立管理运营的另一个公司，即莫里斯公司（Morris & Co.）。韦伯则一直追随其左右，并担任莫里斯公司的主设计师。1878 年，韦伯受雇设计并建造了圣马丁教堂，教堂中所使用的彩色玻璃由伯恩－琼斯设计，莫里斯公司负责生产。之后菲利普·韦伯还设计了数量可观的各类建筑，其中包括位于西苏塞克斯郡的斯坦顿庄园。其建筑设计风格多为哥特复兴式样，有许多被保存至今。

祭桌和桌围
英国设计师韦伯于 1896—1897 年的设计作品。桌身为橡木，桌围为亚麻刺绣。现藏于英国维多利亚和阿尔伯特博物馆。

餐厅

这个餐厅的壁炉是由菲利普·韦伯设计的。

Part I

1833—1898

Edward Burne-Jones

爱德华·伯恩－琼斯

英国画家、设计师，拉斐尔前派的代表人物之一，生于伯明翰，1848—1852年在伯明翰美术学校学习，后入牛津大学学习美术理论，与威廉·莫里斯和罗塞蒂相遇，从此开始了一生的友谊与合作。1877—1878年展出其众多油画，表达了强烈的唯美主义情调，受到当时颓废派和唯美派的景仰。1894年获男爵称号。作为工艺美术运动的先驱，他也设计了许多富有装饰性的家具、绣帏和书籍，还为牛津大学的基督教堂设计了大量彩色玻璃。其著名的画作有《金色台阶》（The Golden Stairs）、《灵魂的婚礼》（The Wedding of Psyche）等。

《珀尔修斯和海中仙女》

伯恩－琼斯 1877 年创作的作品，纸上水粉，画面描绘了珀尔修斯从三位仙女手中获得三件宝物，一双飞鞋、一只神袋和一顶狗皮盔。现藏于南安普顿市立美术馆。

Part I

《拉·冯·博克》
伯恩－琼斯 1860 年创作的作品，水彩加水粉。现藏于英国泰特艺术馆。

爱德华·伯恩－琼斯生于1833年，出生不久他的母亲就去世了，受到丧妻之痛的父亲对于儿子疏于管教，年轻的爱德华经常被独自留在家中，他只能通过涂涂画画聊以自慰。1844年，伯恩－琼斯进入伯明翰爱德华国王学校学习，其间他阅读了大量经典书籍，对其中的神话故事特别着迷，并终身保持了这一爱好。1853年他与威廉·莫里斯一同成为牛津神学院的学生。伯恩－琼斯最初的求学目标是成为一名牧师，但志同道合的两人在阅读了约翰·拉斯金的著作之后，对中世纪产生了极大的兴趣和热情。伯恩－琼斯开始研究中世纪意大利绘画以及丢勒的版画作品，并深深地被拉斐尔前派艺术家罗塞蒂的画作所吸引。和莫里斯一样，伯恩－琼斯决定放弃在教会任神职的机会，投身艺术领域。

1856年，伯恩－琼斯认识了罗塞蒂并师从于他。在结束大学生涯之后，伯恩－琼斯和莫里斯一同前往伦敦，继续跟随罗塞蒂学习绘画。也正是这一年他遇见了未来的妻子。伯恩－琼斯的巨大绘画天赋让罗塞蒂放弃了为师的身份，并在1857年介绍他一起参与教堂壁画的绘制工作。为了更好

照片

莫里斯和伯恩－琼斯一家于1874年的合影，左一为伯恩－琼斯的父亲，左三为伯恩－琼斯，后排最高者是莫里斯。

Part I

Part I

Part I

《骑士出发》

1895—1896 年由伯恩 - 琼斯、莫里斯和蒂尔乐设计，并由莫里斯公司生产的织锦挂毯，描绘了骑士们出发前去寻找圣杯的故事。现藏于英国伯明翰博物馆和艺术画廊。

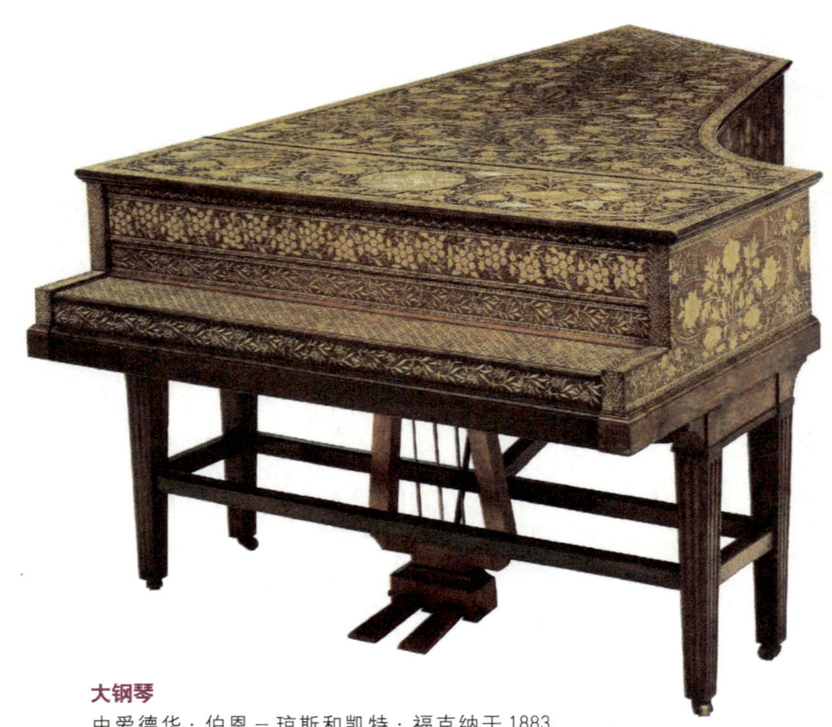

大钢琴

由爱德华·伯恩－琼斯和凯特·福克纳于1883年设计。橡木材质，金银着色装饰。现藏于英国维多利亚和阿尔伯特博物馆。

地学习壁画技法，1859年伯恩－琼斯游历意大利，遍访佛罗伦萨、比萨、锡耶纳以及威尼斯。而此时他的绘画风格中依然有着浓重的罗塞蒂风格的影子，诸如浓密的头发、坚硬的下巴、长长的脖子以及藏于中世纪长袍之下健硕的躯干。

1861年，伯恩－琼斯以创始人的身份和莫里斯及众多好友一起创立了莫马福公司，主要从事彩色玻璃的绘制及创作，他一生共设计了不下五百件彩色玻璃作品。1862年，伯恩－琼斯和妻子一起陪同拉斯金前往米兰和威尼斯，临摹大师作品，并由此开始重新思考自己的艺术取向问题。与莫里斯深刻关注现实问题有所不同，伯恩－琼斯很少在作品中直接表现现实题材，由于受幼年的爱好影响，他的主题多是天使、神和超人。虽然在表面上有这些差别，但是莫里斯和他的艺术旨趣在根本上是一样的：以

《伊莲》

由伯恩－琼斯于 1870 年设计，莫马福公司生产的彩绘玻璃，现藏于英国维多利亚和阿尔伯特博物馆。

Part I

Part I

《音乐天使》细节

由伯恩－琼斯于1882年设计，莫里斯公司生产的圣保罗教堂的彩绘玻璃。

《梅林的诱惑》

伯恩-琼斯于1873—1874年间创作的布面油画。现藏于港口艺术画廊。

各自独有的方式，表达着对现实问题的关切和忧虑，以及对机械文明和物质主义的反感。伯恩－琼斯曾明确地说："物质科学越是发达，我就要画越多的天使——我就是要以它们的翅膀来捍卫灵魂之不死。"这种理想与工艺美术运动的精神也是一致的。可以说 1862 年的这次旅行令伯恩－琼斯开始确立了其独有的艺术风格。

1864 年，伯恩－琼斯的绘画作品入选英国皇家水彩协会。两年后他的女儿玛格丽特出生。19 世纪 70 年代初，伯恩－琼斯又两次游历意大利。这段经历大大丰富了他对于文艺复兴的认知，也促使了其创作的爆发，这其中就包括为后世赞美的《梅林的诱惑》（The Beguiling of Merlin）和《维纳斯的镜子》（The Mirror of Venus）。

瓷砖

该作品由伯恩－琼斯于 1862 年设计制作，作品表面的图案以童话故事"睡美人"中的场景为设计主题，由维多利亚时期著名的插画家福斯特委托制作，用于装饰其在英国南部萨里郡的一所房屋。

Part I

《灵魂的婚礼》

伯恩－琼斯于 1895 年创作的布面油画。现藏于比利时布鲁塞尔。

餐具柜

伯恩－琼斯 1860 年创作的作品，他还用油画颜料在柜身上绘制了女人和动物的图案。现藏于英国维多利亚和阿尔伯特博物馆。

1886 年，伯恩－琼斯参加了英国艺术和手工艺协会举办的年度展览，展出了大量其为莫里斯设计的作品，展会之后大众开始争相收藏他的作品。1894 年，伯恩－琼斯被女王授予男爵称号。一年以后，体弱多病的他依旧坚持为乔叟的著作绘制了 57 件插画作品。

伯恩－琼斯是一位色彩大师，他的画在线条的运用上，融合了拉斐尔前派的中世纪风格。他笔下的人物造型又有着古典主义的严谨构图和唯美主义的节奏感以及对文学性题材的超越。伯恩－琼斯深受后来唯美主义和颓废主义者的景仰，其中重要的原因是他对现实的蔑视，对物质主义的反感。他甚至很少做室外写生，在神学院的研习经验，使他成为"精神景观"的大师。伯恩－琼斯还是一个坚韧的完美主义者，他常常在几年或十几年

《宫廷花园》

伯恩－琼斯于 1888—1889 年创作的作品，纸上粉彩，现藏于英国伯明翰博物馆。

Part I

《加文和寻找圣杯》

1885—1886 年由伯恩－琼斯设计，并由莫里斯公司出品的彩绘玻璃作品。现藏于英国维多利亚和阿尔伯特博物馆。

《兰斯洛特和寻找圣杯》

1885—1886 年由伯恩－琼斯设计，并由莫里斯公司出品的彩绘玻璃作品。兰斯洛特和左图中的加文都是亚瑟王的圆桌骑士。现藏于英国维多利亚和阿尔伯特博物馆。

《婚礼》

1860 年伯恩－琼斯为红房子三楼的客厅绘制的三幅壁画之一。

后，回头修改以往的作品，而修改的次数之多和对完美的纯粹追求，曾经使他不止一次有要毁掉作品的冲动。

“……以更细腻的选择精神，更无瑕的献身于美的精神，更强烈的追求完善的探索，代替了早期简单的现实主义，他是一位擅长做精美构图，富于精神幻觉的大师，他力求使希腊、意大利和凯尔特人传奇中一切美的东西都成为不朽……” 奥斯卡·王尔德曾经这样赞美这位拉斐尔前派最伟大的艺术家。

伯恩－琼斯既是一个画家，又是一位设计师。一生创作了两百多幅油画，此外还为莫里斯公司设计了大量装饰作品。他涉猎的艺术范围极其广泛，包括书籍插图、地毯、彩绘玻璃、瓷砖、家具、刺绣等诸多领域。他的工作极大地推动了工艺美术运动的发展。

《特里斯坦和伊索尔德之墓》

伯恩－琼斯为哈登庄园的音乐室设计的彩色玻璃。

Part I

1834—1896

William Morris

威廉·莫里斯

英国诗人，艺术家，工艺美术运动最主要的代表人物之一。年轻时原本立志成为神职人员，但 1852 年入牛津大学后发现艺术才是自己真正追求的志业。在校期间，受到拉斯金的影响，表现出对现代文明的反叛。1856—1862 年活跃于建筑和绘画领域，参与创办《牛津和剑桥》杂志。他与菲利普·韦伯共同设计的在肯特郡的“红房子”是新艺术大胆革新的典范之作。莫里斯主导了英国工艺美术运动，并将其推展到欧洲和北美，最终成就了一场盛大的国际艺术风潮。1861 年与朋友创办了设计工坊，1875 年改建为“莫里斯公司”，出产家具、壁纸、织锦、彩色玻璃和壁毯等装饰产品，旨在工业化潮流中强调艺术与手工艺的审美含义。1877 年主持创设古建筑保护协会，1879 年加入全国工人自由联盟，1883 年加入社会主义民主联盟，是激进的社会革命者，还著有空想社会主义著作《乌有乡消息》等。

《金色百合》

莫里斯设计的这款壁纸将整个空间点亮，给人以高贵的空间气质。

《演奏者》

莫里斯于1872—1874年设计的彩绘玻璃作品，高71厘米，宽43厘米。现藏于英国维多利亚和阿尔伯特博物馆。

在整个工艺美术运动中，以及在所有工艺美术话题中，莫里斯无疑是一个处于中心地位的焦点性存在。莫里斯这个名字，已经不再仅仅被用来指涉一个人，而是同时还被用以指涉一种理想，并且这种理想所关乎的意义范围，也已远远超出了工艺美术的界限。

在艺术设计语境下，如果说拉斯金主要是思想家的话，那么莫里斯就是实践家。当然，这一点是相对而言的，并不意味着莫里斯只有实践成就而缺乏思想成果；恰恰相反，一个好的艺术设计实践者，必然首先或多或少地具有良好的思考能力。

在探讨工艺美术运动的语境下，对于莫里斯其人及其思想、实践，无论做多少强调都不为过，因为他既是工艺美术运动得以成型的最主要的引导者，也是国际范围内工艺美术运动之思潮与实践的集大成者。前面所谈到的普金、拉斯金固然重要，但在整个工艺美术运动过程中，他们仅仅是作为前奏和序曲的角色出现；这场“大戏”的真正开场，是从莫里斯的粉墨登场开始的。

纹样
莫里斯设计的纹样灵感很多来自于植物与果实。

Part I

Part I

《鸟与海葵》
莫里斯于 1881 年设计的装饰织物，长 62 厘米，宽 46 厘米。现藏于英国维多利亚和阿尔伯特博物馆。

《美丽的伊索德》（右图）
莫里斯于 1858 年创作的作品，布面油画。

相对于普金与拉斯金，莫里斯完全是晚辈，但他们依然可以被归属于同一个时代。1853 年，当莫里斯还在牛津大学读书的时候，四十岁的普金去世，他的著作对莫里斯产生了很大影响。莫里斯还亲耳聆听过拉斯金所作的专题讲座，并因而立志于研究中世纪建筑设计风格的当代转换与应用问题。对于这种影响程度之深，曾有学者这样表述："在认识拉斯金之前，莫里斯俨然还是一个贵族，有着贵族的修养和品位；接触到拉斯金的作品，这对莫里斯的职业取向发生了强烈的影响。这个影响是重要的、伟大的。"莫里斯与拉斯金的艺术"亲缘"性关系，还可以透过另一个重要艺术组织"拉斐尔前派"得到说明。莫里斯曾于 1857 年加入拉斐尔前派，这是个从事纯粹绘画艺术的组织，其原则和艺术志趣与拉斯金关联甚深，甚至可以说，拉斯金就是拉斐尔前派的思想旗手。拉斐尔前派意在创立一种直接取法自然的绘画艺术，以此来修正文艺复兴以来的艺术教条所导致的消极后果。在当时的英国画坛上弥漫着一股封闭、保守甚或颓唐的缺乏灵性的沉闷氛

Part I

Part I

Part I

《季节》

1863 年由莫里斯和蒂尔乐共同设计的羊毛挂毯，莫马福公司出品。现藏于英国维多利亚和阿尔伯特博物馆。

楼梯
红房子里的楼梯。

红房子（左图）
韦伯和莫里斯 1859 年合作设计的住宅，位于肯特郡的贝克斯利希思，为莫里斯的居所，因外墙采用红砖而得名，是工艺美术运动标志式的建筑。

围，拉斐尔前派所要做的就是冲破这种沉闷，为艺术开辟一个清新的富有活力的气息空间。

但真正令莫里斯名垂青史的是其在工艺设计领域内的大胆开拓，而非在拉斐尔前派的艺术生涯。事情起源于莫里斯为筹办自己的婚事而寻找新的住宅的过程。寻找的结果令他大失所望：没有任何现有住宅能够从艺术的角度让他满意。其结果是，莫里斯邀请了朋友韦伯一同参与，决定建造一座符合自己审美的住宅，这就是后来在工艺美术设计史和建筑史上非常著名的莫里斯的“红房子”（Red House）。

红房子位于英国肯特郡的乡间贝克斯利希斯（Bexleyheath），是工艺美术运动代表性的建筑设计作品，于 1859 年开始建造，属乡村住宅，哥特复兴式牧师住所的样式。由莫里斯的朋友、设计师韦伯总体担当建筑设计。它外观宽敞，总体上采用了非对称的样式，如果从空中俯视或看它的中截面的话，整个建筑表现为一个近乎字母 L 的格局。建筑房间的窗户都具有非常好的通透性，采光效果颇佳。韦伯致力于通过使用当地材料和建筑技术来表达真正意义上的历史风格，实现其结构完整性和建筑与环境文化的融合。红房子采用了陶土砖、托梁砖结构、磨面砖拱和圆形孔，整体建筑呈不规则的平面，红砖砌成的外墙在阳光下显得十分醒目。

Part I

Part I

建筑内部的装饰则主要由莫里斯本人设计和制作，是体现莫里斯工艺美术主张的重要作品。其总体精神是摒弃不必要的附加性装饰，并且着意凸显窗户的通透性，希望以此表达与自然的沟通，与机械化工矿厂房中封闭、憋闷的氛围做一个鲜明的对比，以突出工艺美术理念的独特价值。室内的画作等是莫里斯的诸多朋友所绘，包括壁画和彩色玻璃的设计是伯恩－琼斯的手笔，因此，“红房子”向来被艺术史视为工艺美术运动之始的标志。这座住宅建筑也体现了拉斯金的诸多重要理念，如其内外空间处理追溯了中世纪建筑风格的很多细节，但同时却摒弃了任何表面的附加性装饰。墙体和主体建筑的周边设计很好地体现了自然主义原则，在人与建筑材料、土地、植物等要素之间建立起了和谐的关联。

红房子最鲜明的造型特点是它的几个尖顶，这很容易令人联想到哥特风格的建筑形式。这栋房子虽然是一个面向世俗日常生活之需要的居住空间，但是从其尖顶结构中也可以发现教堂的影子，身居其中可以感受到某种神圣性。更有意味的是，它还配备了高高的烟囱，这个在纵向维度上展开的结构直指天空，与主体建筑在横向维度上的展开相交叉，可以被视作一个另类的十字架。一座简单的居住空间，没有任何不必要的装饰，就这样被莫里斯赋予了如此丰富的意涵。在室内设计方面，莫里斯为自己量身

柜子

1860—1862 年由莫里斯设计的蜜月橱柜。

餐厅

建于 1893 年，由莫里斯公司设计，天花板有精美的石膏装饰。

定做了一套主要由书柜和长椅组成的组合式家具，并且将其立面漆为浅白色调，颇显大方、开阔。对于莫里斯来说，红房子堪称是一个综合性工程，它具有多样化的姿态和面向，并且都与手工艺术设计旨趣有关。例如，它首先是一座建筑；其次，它还是一个进行室内装饰设计的试验场；此外，它还可以被视作一个巨型的雕塑作品。在莫里斯看来，它不仅是自己的一个生活空间，还是一个天堂，一个身处其中心灵可以得到休憩的精神家园，一个可以通达上帝的密室。

手工地毯

1880 年由莫里斯设计，现由私人收藏。

《天鹅》

这款1862年的瓷砖作品的图案样式与莫里斯的其他菱形纹饰的制作技术相似——每一个格子，分别以两种装饰元素为基础，并重复排列组合。在工艺美术运动时期的室内装潢设计中，这类设计成为一时的佼佼者，不仅如此，在荷兰乌德勒支的拉文施泰因还专门成立了艺术制作公司大量生产该类作品。

红房子的成功，让莫里斯成功地找到了自己的艺术志向。不过，这种艺术志向对于他来说，更是一种与“生活意义”这种重大问题相关的大课题。莫里斯本人曾由于受到法国大教堂的感召而希望成为一名专攻传统风格的建筑师，也因此而在后来一度加入了拉斐尔前派组织。但是这些经历和选择都没有令他感到满意。最终，他在红房子的设计与建造中发现了自己的志趣所在，也从这一过程中感受到了前所未有的创造的快乐。

红房子的成功还直接导致了以莫里斯为发起人的一家设计公司的创建。1861年4月，这一公司正式选址在伦敦红狮子广场8号筹建了工作室，同时也建立了附属商铺。这个公司的成立，标志着莫里斯工艺美术理念的有形化，以及其设计实践业务的扩大化，并且证明了莫里斯对于其他设计师以及社会民众的影响越来越明显化了。这一公司虽然与莫里斯后来自己独立运营的公司差别很大，但是也取得了不小的成绩，出品了许多体现莫里斯手工设计理念的椅子、桌子、橱柜等，这些作品大多采用具有自然风格的木料制作而成，在结构和局部细节的创制上多极尽艺术想象之能事。从一定程度上说，其中的某些作用因其高度简洁性和富含功能性，而具有了后来兴起的现代主义设计理念所推崇的某些元素。遗憾的是，这个公司的寿命并不长久。公司成立不久，莫里斯的妻子与公司中一个设计师发生了暧昧的关系，这令莫里斯非常苦恼，他试图通过疯狂的工作来宣泄心中的不快，对于公司业务运营的各个环节都事无巨细地介入，这最终导致在

hail thou that art high ly favoured

《天使报喜》（左图和上图）
莫里斯 1861 年创作的彩绘玻璃作品。

Part I

《荷兰公园》
1883 年，莫里斯的手工地毯作品，长 475.4 厘米，宽 412.7 厘米。现由私人收藏。

他与其他合伙人之间发生了严重的意见分歧。

1864 年，莫里斯从堪称浪漫的红房子中搬出并迁居伦敦，正式开始了他工艺美术设计的实践。他最初以设计制作墙纸、织造品等而闻名遐迩——他的这类作品大多都是在伦敦设计制作的，田园主题和自然元素是其作品的主题。他的很多墙纸的设计造型和纹样，都以各类植物为原形，并且在色彩选择上也尽量贴近自然的色彩和光亮——这是“艺术”的方面；在“技术”方面，莫里斯的壁纸作品绝大多数都是经由手工绘制或手工辅助印制而成，织造装饰品则编制得非常精细、均匀，纹样和图案跳跃而生动。正如莫里斯自己所言：艺术的本质，是艺术家之自由个性的表达，艺术的目的是对于真实性的寻求。莫里斯认为，上述两个目标的实现，都必须建立在对自然事物的细致观察之上，当然，其中也少不了主体性的自由变样与想象。

1875 年这一年，无论对于莫里斯本人的艺术设计生涯而言，抑或是

《莨苕叶》

莫里斯约 1880 年设计的图案，由他的女儿梅 · 莫里斯完成刺绣。

《郁金香和柳叶》

莫里斯1873年的织造作品，棉质，施以印染和压花技术，植物纹案主题显示出几分新艺术主义的风格气息。莫里斯公司出品。现藏于英国维多利亚和阿尔伯特博物馆。

纹样
这款金银花款式的纹样是莫里斯1876年设计的。

对于工艺美术运动的发展来说，都是一个重要的关节点。这一年，莫里斯将原来同朋友一起组办的设计工坊改建成了完全属于他自己的艺术设计公司，即莫里斯公司（Morris & Co.）。这一行动具有十分丰富的指示性含义。首先，它表明了莫里斯本人的艺术设计活动更趋成熟，所涉领域和业务规模也更为广泛，由莫里斯本人所引发的艺术效应在社会中彰显得更为普遍；其次，该公司的组建标志着艺术设计行业运作形式的集体化，由此前的不甚规范的工坊制，变为在建制和运作上都更为规范的公司制。虽然公司制度并不是从莫里斯这里最初出现的，但是在工艺美术设计领域引进公司制度之基本精神，却是从莫里斯才开始引人注目的。

莫里斯后期的作品，大多具有悠远、质朴、沉稳、庄严的风格。可以说，从年轻到年老，从拥抱激情到步向深沉，莫里斯越来越注重在艺术设计中表达人的内在情绪，越来越不看重外在的装饰。此外，莫里斯后期作品在试图表达与人有关的元素时，常常使用“非人”的素材和题材作为手段，如他在1864年创作的平面织造作品《郁金香》和在1876年创作的《忍冬花》中，都用植物题材来表达对人的生命的感叹，画面上的植物或轻灵或沉重，或昂扬或颓唐，正印合了人之生命的不同状态。同时，从他对于曲线的综合运用中，也可以看到新艺术主义理念的一些影子。

Part I

改建之后的莫里斯公司拓展了设计业务范围，除了原有的壁纸、地毯等业务之外，还在几年之内陆续开拓了多达数百种其他装饰设计业务，包括建筑设计、室内装潢、平面设计、图书装帧等。公司尤其在印染技术领域取得了较大成就，并且还发明了一种新型的英文字体，即所谓"金体"（莫里斯用这种字体印刷出版了一部名为《金色传说》（Golden Tale）的著作，该字体因此得名"金体"）。这种字体颇具中世纪古朴之风，其造型来源可追溯至 15 世纪的一种罗马式字体。在此基础上，莫里斯于 1890 年建立了印刷工坊，还雇佣铸字排版工人成立了一家出版机构。凭借自己的印刷排版工艺，莫里斯与当时的著名插画家克莱恩合作，出版了有名的《呼啸平原的故事》（The Story of the Glittering Plain）一书，为莫里斯的出版机构赢得了广泛的声誉。莫里斯公司的出版印刷业务对于工艺美术运动思潮和实践的传播，起到了极其重要的作用。在此之前，大多数的理论著述和图文艺术设计作品的传播都是在小范围内进行的，印刷业的发展则真正促进了大众媒介的出现。莫里斯的大多数设计作品都是经由他的出版机构的发行而广为人知的；与此同时，这些书籍文本本身也是很优秀的艺术设计作品，它们不但印刷排版精良，而且装帧精美，不但传播了艺术理念，也为当时很多插画设计师提供了施展才能的天地。

图书

1896 年莫里斯出版的《乔叟作品集》。

封面

这是 1870 年莫里斯出版的一部诗歌集的封面，现藏于英国维多利亚和阿尔伯特博物馆。

Part I

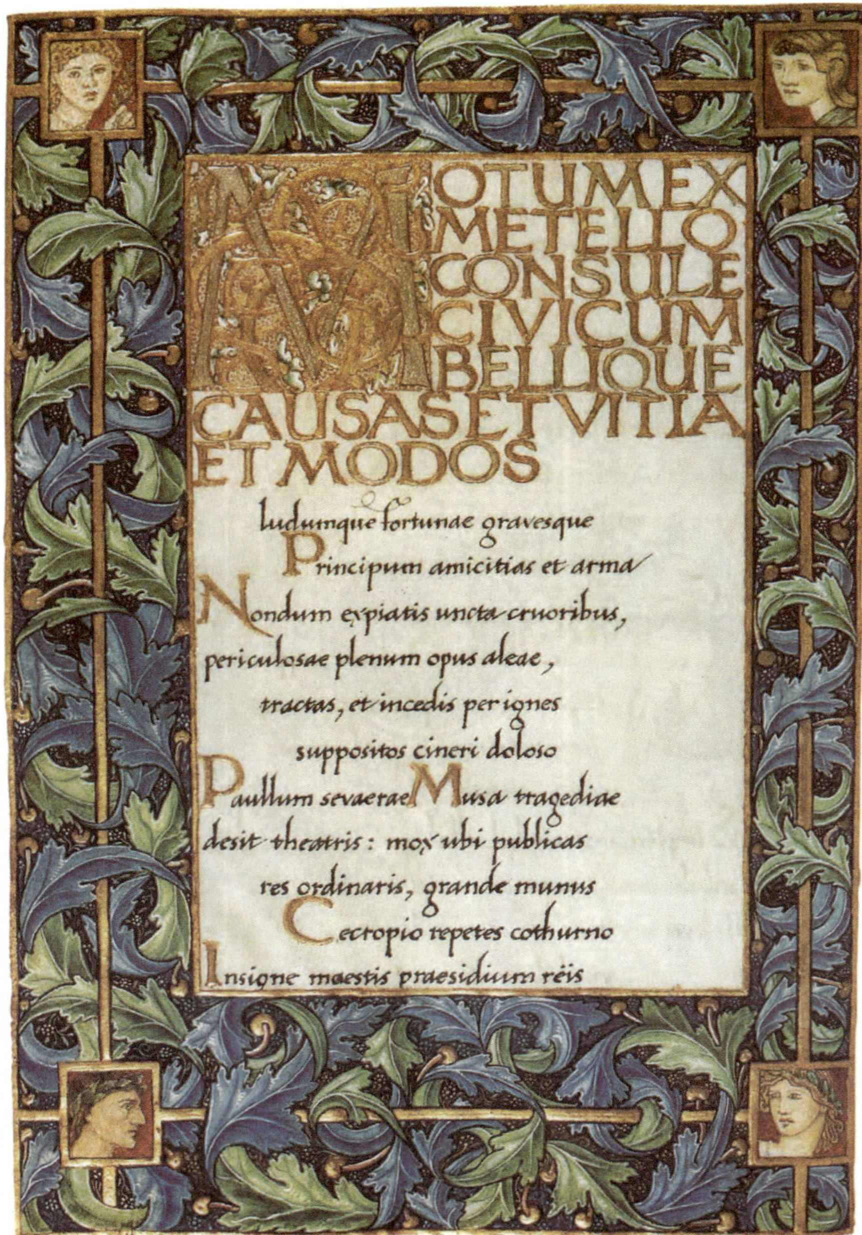

MOTUM EX
METELLO
CONSULE
CIVICUM
BELLIQUE
CAUSAS ET VITIA
ET MODOS

ludumque fortunae gravesque
Principum amicitias et arma
Nondum expiatis uncta cruoribus,
periculosae plenum opus aleae,
tractas, et incedis per ignes
suppositos cineri doloso
Paullum sevaetae Musa tragediae
desit theatris: mox ubi publicas
res ordinaris, grande munus
Cecropio repetes cothurno
Insigne maestis praesidium reis

在进行广泛的设计实践的同时，莫里斯也十分注重理论探索，并且不失时机地通过出版或讲座的形式，向受众宣告他的思考结果。1887 年，他发表了《论艺术的目的》一文，提出了一个重要观点：艺术在本质上是一种“目的表达”，而不是任何“手段表达”。在此，莫里斯试图对“艺术”概念重新作出定义和解释。他强调，在 19 世纪英国主流艺术设计领域，满目所及都是“技巧”，而“价值”和“人性”等课题被彻底忽视了。他认为，从一定程度来说，艺术的目的就是人的目的，或者说是关于人的目的；他强调艺术行为不是任何外部动力的结果，而是完全出自内心需要的一种美的意识的涌动与表达。在其中，无论是创造者抑或是观赏者，都可以获得发自内心的快感。莫里斯特别强调说：“人们必须懂得，这种艺术化的成果，以及工作时所产生的理所当然的快乐，并不仅仅限于绘画、雕塑等艺术品的创造；它一直是、并且也应该是各种形式劳动的组成部分”，“总之，令人工作时感到愉快，休息时感到充实，这就是艺术的目的。”

《贺拉斯的颂歌》（左图）

这是 1874 年莫里斯出版的该书其中的插图手稿，现藏于牛津大学。

内页

下面两幅分别是莫里斯出版的图书的内页。

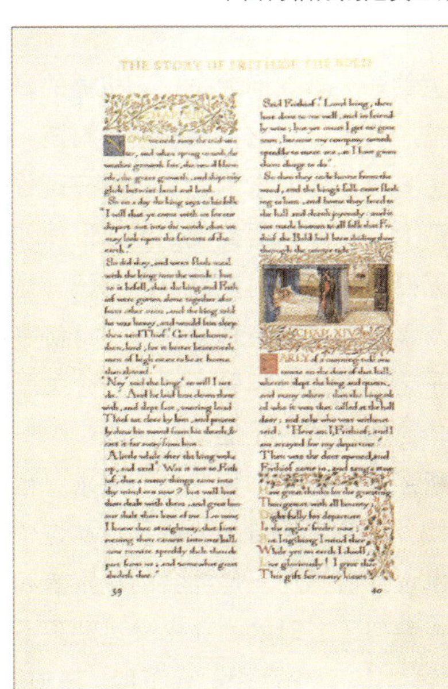
THE STORY OF FRITHIOF THE BOLD

HAST thou longed through weary days
For the sight of one loved face,
Hast thou cried aloud for rest,
Mid the pain of sundering hours
Cried aloud for sleep and death
Since the sweet unhoped for best
Was a shadow and a breath —
O, long now for no fear lowers
O'er these faint feet-kissing flowers
O, rest now; and yet in sleep
All thy longing shalt thou keep.

Thou shalt rest, and have no fear
Of a dull awaking near
Of a life for ever blind,
Uncontent and waste and wide.
Thou shalt wake, and think it sweet
That thy love is near and kind.
Sweeter still for lips to meet;
Sweetest, that thine heart doth hide
Longing all unsatisfied
With all longing's answering
Howsoever close ye cling.

床品

莫里斯位于科茨沃尔德的凯尔姆斯考特庄园卧室中的四柱床，床帏和床帘由他的女儿梅·莫里斯设计并绣制，莫里斯的诗《在凯尔姆斯考特的床上》被绣于该帷幔上；清淡雅致的床罩则由莫里斯的夫人简·伯顿绣制。该床具现仍藏于凯尔姆斯考特庄园。

“艺术的目的”是这样的，与此相关的一个重要问题是：“机器的目的”是怎样的？机器与艺术之间的关系是怎样的？对此，莫里斯曾写道：“将机器应用于生产制作时，也能够产生具有艺术元素的物品。具有理性的人之所以要使用机器，就是为了节省劳力。有些机器的使用可以取得和手工方法一样的效果，这时候使用机器无疑是有益的。但是不能忘记，这是以人与人之间的身份平等为前提的。”莫里斯在此特别强调了“身份平等”问题，说明这已经不是一个仅仅关乎艺术设计的问题，而是一个关乎社会设计的问题。对于莫里斯来说，艺术的终极目的在于促动社会改良——社会良善是目的，艺术良善是手段。他所强调的对于平等身份的追求，也就意味着对于社会压迫和社会剥削的取缔，以及对于自由的征求。从这个意义上来说，莫里斯并不纯粹是一个艺术设计者，他还是社会的观察者和改造者。由此也就不难理解，他何以深入参与了当时的社会主义运动。不过，虽然同是“压迫”，莫里斯却对中世纪与19世纪两个时代下的“压迫”

问题的本质作了区分：在中世纪，所谓的“压迫”主要是指宗教对于世俗的优先性，在世俗范围之内则并不是遍地压迫；而在 19 世纪的机械文明时代，“压迫”则成了世俗世界中的普遍现象。他认为，“工人时时刻刻都背负着利润的重担，经由这种状态，不可能实现出艺术的本质含义。”

莫里斯还于 1884 年写了一篇题为《论艺术与社会主义》的文章，更加明确地将艺术设计问题当作一个宏观社会问题来对待。在这篇文章中，他对机器的态度再一次倾向于中立化和客观化：“奇妙的机器如果被公正而富有远见的人所掌握，就会被用来减少令人生厌的劳苦，给予人类以快乐，丰富人类的生活；然而当下的机器的作用却恰恰相反，它把所有人都

《亚瑟王与兰斯洛特》

莫里斯于 1862 年设计的彩绘玻璃。

《偷草莓的贼》

莫里斯应邀设计的墙饰，1883 年首次印制面市，是莫里斯公司最受欢迎的作品之一。其图案描绘了大自然中的生活场景，这是新艺术运动的主张之一。

起居室

这个起居室内的墙纸和地毯都由莫里斯设计。

《九宫树枝》

这块瓷砖由莫里斯负责设计。他希望用一块瓷砖来表现整个工艺美术运动的风格特征——以自然界的元素和重复、交替的图案设计方式来表现简约的装饰风格。通过这类瓷砖设计，莫里斯试图鼓励那些逃出维多利亚时期奢华装饰风格的设计师们继续他们的艺术梦。

压迫得紧张、忙乱，无论从哪方面来看，现在的机器都是快乐的破坏者，生活的破坏者。”在此，他提出了一个比较新型的观点：机器本身无罪，罪在制度，罪在人之本身。他说：“我并没有认为应当废除一切机器；我要用机器来制造一些现在用手工来制造的东西，也要用手工来制作另外一些目前用机器制造的东西；总之，我们应当是机器的主人，而不应该像我们现在这样，成为机器的奴隶。我们要摆脱的不是这种或那种有形的钢制的机器或铜制的机器，而是无形的商业专制的大机器，是它压制了我们大家的生活。”与拉斯金相比，莫里斯能更科学地面对工业文明的现实状况，能客观地面对机器工业与手工工业的辩证关系。更重要的是，他看清了资本主义的经济体制是这个时代最大的“机器”。

莫里斯还为劳动者和劳动条件设想了若干替代方案：首先，劳作本身必须是性质高尚的；其次，劳作环境应该是优美宜人的——莫里斯特别强调住宅或劳作场所与园林环境的结合，城市建筑与自然田园的结合；再有，劳作必须要有充分的休息时间作为补偿，以此来维持和体现精神的自由性。此外，莫里斯还是一个环保主义者：“任何人都不得出于牟利而砍伐林木，也不得以烟尘来污染空气，或者用垃圾污染河流土地。”莫里斯对他的理想是抱有深切希望的，他说：“三百年的时间，不过是短如历史长河中的一日罢了，因此请相信这一点，总有一天，我们会赢回艺术，赢回生活的快乐，使艺术重新回到我们的日常劳动中来。”他在这里所说的“三百年”，指的是中世纪之后到19世纪的这段时期，也就是近代机械文明得以发展的时期。在这里，他将自己视作一位“先知”，在他眼中，历史终究会走向他所期望的目标。

莫里斯的上述殷殷期望，还表现在他的另一篇文章中。1888 年，他发表了《手工艺的复兴》一文，对手工设计艺术的前景问题作了深入的辨析。在这篇文章中，他从理论层面上明确扩展了艺术品的含义，认为艺术乃是一种“涵盖所有涉及美观性问题的劳动产出”。他还认为，在考虑艺术或美学问题时，将社会政治因素排除在外是不可能的。艺术的独立性在这里被否定和取消了：“我们必须首先放弃仅从美学角度审视耕地的农夫以及他的耕牛、爬犁，或者是收割者和他的妻子儿女、一日三餐——我无法将这一切仅仅看作是情绪敏感者们用来装饰风雅生活的一幅优美动人的画卷；恰恰相反，我所希望的是，收割劳作的农夫村妇也能够在富足的生活中分享其应得的一份成果——对于他们的境遇，我们必然也难辞其咎。唯其如此，我们才能摆脱心理上的沉重负担，努力弥补社会之不公。”

莫里斯始终在追问这样一个问题：从手工到机械，这到底是好的转变

《架子上的茉莉》

莫里斯于 1868—1870 年设计的纹样，棉布印花。

现藏于英国维多利亚和阿尔伯特博物馆。

还是坏的转变？他得出的结论是：作为目的，机械无疑是罪恶；但是作为手段，机械是可以被接受和容忍的，甚至是必不可少的。莫里斯在《手工艺的复兴》中对于历史发展进程不仅作了回顾，还作了展望，并且对未来的社会形态、艺术形态提出了两种假设：或者是机械文明进一步强化，最终消灭了人的自然劳作和手工艺术；或者是，机械文明由于其自身内在的矛盾性而自行解体，被一个新型的手工文明所取代。虽然他承认无法预料究竟哪一种假设更接近于未来趋势，但是他本人在价值取向上更加青睐后一种假设："我不相信机器大生产会发展成为机器的泛滥，不相信生活会完全沦为对自身感受的冷漠和无视，"他坚信，未来的人们将"不再像今天这样甘心做机器的仆役，而是要做它的主人。"

而对于拉斯金艺术设计理念中所富含丰厚的"总体艺术"的成分，在莫里斯这里也是如此。莫里斯将艺术大致区分为"局部艺术"和"全体艺术"两大类，前者即指各个具体、细分的艺术部门，后者则指作为一个整体性精神存在的艺术全体。莫里斯还形象地将这两者分别称呼为"大艺术"和

Part I

Part I

《春》《秋》
1873 年莫里斯设计的彩绘玻璃，这是一个餐厅壁炉旁的窗户装饰，一共四块，这里是其中两块。

“小艺术”。在相对特定的语境下，莫里斯还用“小艺术”这个词来专门指涉“艺术设计”。虽然莫里斯在表述中对艺术作了上述区分，但是他的本意却是在辨异求同的基础之上取消这种区分：“我们没有办法区分所谓的大艺术和小艺术，倘若作如此的区分，小艺术就会显得价值殆尽；从另一方面来说，失去了小艺术的支撑，大艺术也就失去了服务于大众的意义，而成为有钱人的玩物。”

莫里斯不但善于思考，更善于实践。他甚至认为任何有见地的艺术思考，最终都来源于设计实践。因此他非常强调艺术设计和艺术创作中的“临场感”问题——让艺术家和设计者本人沉浸到他所要创作的对象的自然氛围中去，方能得到好的效果。他自己曾经在一所旧房子的地下室里，脚踏沉重的法国式木底鞋，腰扎围裙，卷起衣袖，染料一直浸到手肘部，全神贯注、眉飞色舞地向人们讲述深奥的染色技艺，还不时地用多种染色布料来予以证明。

《牵牛花》
莫里斯1889年设计的棉毛混纺地毯。现藏于英国维多利亚和阿尔伯特博物馆。

Part I

WILLIAM MORRIS

莫里斯还特别强调对于材料的自然性质的把握:“如果你不了解所运用的材料之性质,无法发挥其独有的特性,那么你就如同一位蹩脚的诗人一样,无法把握他的辞章和语韵”。在设计创作与生活趣味之关系的问题上,莫里斯认为手工艺术是“由”人制作的,同时也是“为”人所制作的,人同时作为手工艺术的主体和客体,享受创作的快乐,并快乐地进行创作。对于手工艺术的价值、意义,以及手工与机械之间的关系,他曾有过一段精辟论述:“机械化生产的必然结果,是人类劳动所涉及的各个方面都具有了功利主义的丑陋,工人们都成了机器的看管者,他们无法在劳动中享受创造的美和欢乐;作为产品之使用者的人们,他们也无法把自身的意愿融入到创作中去,因为产品的种类和质量都掌控于以盈利为目的的资本家手中;而手工艺术,则会让我们看起来更像万物之灵,它可以使我们变得更加睿智,而不至于沦落为迟钝的劳动者与轻浮的寻欢作乐者,或是绝望的、厌世的、自视聪慧的社会名流,以及玩弄手段的投机者。”在莫里斯看来,人类之所以区别于其他动物,就在于人拥有一双灵巧的手,手工不仅是创造物质财富的条件,而且还是维持、彰显人之灵性精神的方式。在他眼中,人的一切美好皆系于手工创制。

莫里斯的另一个独特之处,是极大地拓展了“设计”概念的含义——“设计”不单是指向艺术的,也是指向社会和政治的,指向生活本身的。这就涉

书房

这是莫里斯晚年居住的寓所里的书房。

Part I

及他的另一个重要身份——空想社会主义者。如今已经很难清晰地认定，在莫里斯与马克思两个人之间，在关于社会改造的问题上，究竟是谁先影响了谁，以及谁影响谁更多一些。虽然莫里斯对于近现代世界历史进程的影响远不及马克思，但是他的思想理念中也有丰厚的社会主义成分。也许两个人是殊途同归。莫里斯大概是从1883年开始接触到马克思的著作的，他不但对后者之社会主义理想表示了极大的认同，并且还一度参加了由恩格斯所领导的社会民主同盟组织。不唯如此，莫里斯甚至还另立门户成立了社会主义者联盟组织。从一位艺术家到社会活动家，自19世纪80年代起，莫里斯的思想着力点确乎较多地偏离了艺术设计，而热情地介入到了社会改造和政治哲学问题之中。

在这方面，莫里斯最有名的代表作也是他创作的最后一部著作是《乌有乡消息》（News From Nowhere），这是一部政治预言式作品，面世于1890年。书中描写了他心中理想的21世纪英国社会。莫里斯为人们勾勒了一个理想的社会生活模式，在这个社会，人与人之间是平等而相亲的，社会劳动合作是整齐构划而且高效的。当然，他不会忘记为手工艺术在这样的理想社会中谋求一个重要的意义和地位：建筑等设计与艺术创作都是

瓷砖

这是一组作品中的一块。1872—1874年，该作品一直由莫里斯负责制作与绘制。描绘了一个披着皱褶长衣、捧着一把竖琴的人。尽管莫里斯并不是当时最卓越的画家，但是，这个瓷砖系列皆由他一个人负责完成。图案的设计风格很大程度上借鉴了中世纪的样式。

地毯

小会客厅内的地毯，现由私人收藏。

卧室

莫里斯于 1887 年设计的一个卧室。

为普通大众服务的，劳动成了人生的需要，而不再是生命的负担。书中所描述的是“未来”，但他所使用的词汇、素材，却是来源于“过去”，尤其是从中世纪社会生活场景中获得了丰富的灵感。

莫里斯所设计的“乌有”世界中，机械生产已经完全被手工艺术所代替，手工文明秩序和朴素审美情绪在社会精神中占据了主导地位。不光是人文造物如此，就连自然世界也被他施加了面向工艺美术理念的改造：火车和铁路消失不见了，取而代之的是一条条清澈的河流以及木质的轻舟；由金属材料制作的桥梁也没了踪影，剩下的都是由原始石料砌成的拱桥，无论从材质抑或是造型上看，都具有十足的自然美；最重要的是，机械化厂房和车间不复存在了，人们的生活生产都建立在与土地的亲近关系之中，以及手工劳作的基础之上。

与环境的改变伴随而生的，是人们之间身份地位的平等化。莫里斯一直认为，在机械文明中出现的富人是社会生活中的蛀虫，富人的房子则是美好土地之上的藏污纳垢之所。在他设计的理想生活状态中，富人、穷人之间由于阶层划分而出现的鸿沟被弥合了，所有人都无一例外地居住在统一设计、统一建造的公寓之中；莫里斯所设想的公寓，其实就是他早年所设计的红房子的一种变体——公寓的性质就相当于一个体型超大的红房子，在其中，所有装饰都被削减到最少，仅有的少量装饰也完全以手工技术制作而成，与此同时，公寓外围空间布置了花园、绿地等自然素材。乌有之乡中当然也缺少不了教堂建筑，因为没有它，人们的终极精神就无处安放。

《朝鲜蓟》
莫里斯约1896年设计的图案，由玛格丽特·比尔等人完成刺绣。

Part I

纹样
莫里斯为自己画室设计的一款壁纸纹样。

在《乌有乡消息》中，莫里斯花费了不少篇幅来描写他理想中的建筑样式。例如，在描绘一个体现了工艺美术理念的大厅时，他写道："这种建筑包含了北欧地区哥特风格以及拜占庭人的某些特点，但同时它又不是对于任何一种既有建筑风格的简单模仿。在路的另一边有一座八角形建筑，其轮廓与佛罗伦萨的教堂相似，不过其四周更多了连环拱廊。"他心中的理想建筑不是生硬冰冷的机械制造物，而是符合人类内在审美结构、具有历史人文含义的艺术品。在理想化的乌有之乡中，人们对于艺术与机器之间的关系问题，有着更为普遍化的理解："人们认为，依靠机器不能造就艺术品，而艺术品又是人们生活所不可缺少的；由于这个理由，人们逐渐自愿地将机器一点一点地搁置起来"，"手工制造虽然显得粗糙，或者在技术上有欠成熟，但它却非常实在，从中能够透露出由工作而带来的快乐。"对于生活与生产之间的关系，他认为应该是前者作为目的，后者只是手段：生产的目的是为了生活，而不是相反。类似地，在生活与艺术之关系的问题上，莫里斯也认为前者是目的、后者是手段。在乌有之乡里，已经没有什么东西可以被单独地称呼为“艺术品”了；毋宁说，乌有乡里的生活本身就是一种艺术化的存在：在这里，劳作是艺术，休闲是艺术，就连吃饭、睡觉也是艺术。在生活与艺术两者的汇合之处，是快乐，而这种快乐的源泉，不是资本，不是机器，也不是别人的施舍，而是每个人都拥有的双手。在这里，手工的非凡意义再一次被莫里斯凸显了出来。

此外，手工与美之间的关联，还体现在乌有乡人们的面貌特征上。在莫里斯笔下，勤于劳作的女人都有着优美的线条和健康的肤色，每个人都精神焕发，保持着良好的精神情绪。与此形成鲜明对照的，是莫里斯在他的现实生活中所看到的另一番景象：所有人都是苦闷、焦躁、面目丑陋的，他们缺乏活力，是一个个被动生存者。这与乌有乡人青春活泼的美好形象

《绿房子》

1883 年莫里斯和其他设计师一同设计的室内作品。

Part I

瓷砖

像这块以花卉向四周溅开的图案样式，是莫里斯公司生产用以装饰居室内壁的。图案设计运用了多种不同的元素，这些元素在莫里斯公司的其他艺术作品（如地毯、纺织品等）中早就出现过。

植物纹样（下图）

莫里斯这款纹样的灵感也来自植物。

墙纸
莫里斯1875年设计的作品，叶片卷曲糅杂，异常美丽。

构成了强烈的反差。此外，他还对美的含义进行了辨析，认为美既可以是人文制造的结果，也可以是自然野性的流露。他笔下的最美的乌有乡女子，就是以野性纯真而动人心魄的。他的乌有乡世界，虽然在很大程度上参照了中世纪生活的某些特征，但也并不是对中世纪生活的机械翻版，而是在其中融入了他丰富的以艺术之美为其根本旨向的想象性成分。这些想象无疑是诱人的，但同时也是迷离的。但不管怎么说，莫里斯的眼界和心神都是深邃的。在《乌有乡消息》中，莫里斯借一位女子之口说出了这样一个判断："旧的生活态度，总是将人类自身视作一种东西，而把人类之外的一切生物和无生物及整个自然，视作另一种不同的东西，其结果就是，人始终将自身视作绝对的主体，而将自然视作惰性的客体，甚至是完全被动的'奴隶'。"在莫里斯看来，这是一个极为严重的问题：生活于现实社会中的人与人之间固然存在着不平等，但是在人与自然之间，竟然也一直存在着不平等。他认为，只要旧的生活态度不被改变，那么这种不平等就会一直存在下去。生活态度——这或许正是莫里斯所致力于解决的全部问题的关键所在。

《乌有乡消息》是莫里斯毕生所思所想的一个集中展现，同时也是他现实人生的一个收尾。在完成这本著作之后，他身体状况每况愈下。1896年10月3日，在一个清新的早晨，莫里斯去世，终年六十二岁。

Part 1

Part I

1839—1917

William Frend De Morgan

威廉·弗伦德·德·摩根

英国陶艺家、瓷砖设计师，1859 年开始接受艺术训练。1863 年结识威廉·莫里斯并开始陶艺设计及创作，1888 年结交建筑师里卡多，并与其合作为他的建筑设计项目提供瓷砖产品。晚年又投身写作并取得成功。摩根一生多才多艺，除了陶艺及瓷砖创作，他同时还是一位发明家和作家。而对于工艺美术运动而言，摩根更是一个不可或缺的关键性存在。

瓷砖

摩根为玮致活设计的各类瓷砖。

Part I

《酒神巴克斯》

巴克斯是维多利亚时代流行的题目之一。西缪·所罗门在这幅作品中直接反映酒神的容貌。他是一个年轻俊美的男子，穿着酒红色的衣服，头上缠着葡萄藤绕成的藤环，一手扛着他著名的拐杖，杖上还吊着成熟的葡萄。这里酒神纯洁腼腆的神情和其他艺术家表现酒神的迷狂、色情和放荡截然不同。

摩根1839年出生于伦敦。其父亲奥古斯特·德·摩根是一位杰出的数学家和逻辑学家，同时也是伦敦大学学院第一位数学教授。而他的母亲索菲亚·伊丽莎白·弗伦德也是一位数学家的女儿，同时也是一名受过高等教育的女权主义者兼作家。而他英年早逝的兄弟乔治·坎贝尔·德·摩根也是一位著名的数学家，作为创始人之一，他的名字将永远被伦敦数学协会铭记。可以说摩根成长于一个数学之家，但最终他却决定投身艺术的怀抱。

1859 年，20 岁的摩根进入皇家艺术学院主修艺术，虽然学院开设了种类繁多的各类课程，诸如雕塑、绘画等，却依旧不能满足摩根对于创新的渴望。他曾跟随一位有拉斐尔前派倾向的画家西缪·所罗门（Simeon Solomon，1840—1905）学习绘画。1863 年，经由彩绘玻璃艺术家亨利·霍利代（Henry Holiday，1839—1927）的介绍，摩根认识了威廉·莫里斯，这次相遇对于摩根的艺术生涯可谓是一次至关重要的转折。他们在陶瓷和彩绘玻璃上作了许多实验和尝试，摩根对于这种创造性事业的热情远远超过了威廉·莫里斯。慢慢地，他在瓷砖设计领域渐入佳境，开始展现出自己所独有的设计及创作风格。莫里斯也不断从摩根的设计中获取自我创作的其他灵感，并开始销售摩根设计创作的瓷砖产品。然而摩根行事风格向来特立独行，虽然他与莫里斯共事多年，但从未成为莫里斯的合伙人，这

四联瓷砖画

摩根 1890 年创作的作品，画面上是摩根喜欢的动物与植物。

Part I

Part I

Part I

瓷砖

这块瓷砖作品是摩根在莫顿修道院时期设计制作的。由两块瓷砖拼装而成，表面的龙饰图案配合花饰背景，使得画面栩栩如生，再加上周边的小型青釉砖装饰，整个瓷砖图案更显卓越。瓷砖背景中的花饰设计是摩根在切尔西时期创作的名为“康乃馨”的系列艺术设计。虽然莫顿修道院能够为摩根的釉漆技术创作提供更大的发挥空间，但他却并没有出品太多新作；比起购买其他厂商制作的空白瓷砖，摩根更偏爱于自己亲手制作成砖。

瓷砖

1888—1897 年出产的由摩根设计的民用瓷砖。
现藏于英国维多利亚和阿尔伯特博物馆。

一点恰恰与其他工艺美术艺术家截然相反。

1872 年，在一次实验事故中，摩根原来的居所被火灾焚毁，于是他就把工作室迁往了切尔西一处更大的空间。在切尔西，摩根建立了属于自己的公司，专事瓷砖的设计创作与生产。在摩根的努力以及新材料的发现和使用下，摩根使虹彩陶（lustreware）在 19 世纪 70 年代初再次成为时尚。虹彩陶技术由于烧制工艺繁琐，而且具有一定的危险性，曾一度被遗弃。摩根不但复兴了这一技术，还对其进行改良和完善，而他的大量虹彩陶设计灵感则来自中东。1882 年，当瓷砖的产量大幅增加时，摩根不得不把自己的工作室搬到一个更大的地方。而他的团队除了瓷砖以外还生产花瓶、

盘子

摩根于 1882—1888 年创作的作品，土瓷，绘制有精美的自然主义纹样。现藏于英国维多利亚和阿尔伯特博物馆。

碗和碟子等生活用品。而与莫里斯的切磋也完善了摩根的瓷砖设计，大量的植物和动物纹样出现在其作品中。

1887 年，摩根与一位女艺术家伊芙琳·皮克林（Evelyn Pickering，1855—1919）结婚。比摩根足足年轻 16 岁的伊芙琳曾经就读斯莱德艺术学院和伦敦大学艺术学院，师从爱德华·约翰·波因特（Edward Poynter，1836—1919），而她的作品风格则受到了他的叔叔，画家罗达姆·斯宾塞·斯坦霍普（Roddam Spencer Stanhope，1829—1908）的巨大影响。摩根和伊芙琳会走到一起或许得益于两人众多相似的品格特质，比如对于新知识的渴求以及处世的幽默感。陶艺事业对于资金的需求量非常之巨，而家境殷实的伊芙琳无疑为摩根的陶艺工作提供了极大的帮助。

1888—1898 年的十年中，为了更好地发展自己的事业，摩根又一次搬迁了自己的工作室，并开始和建筑师哈尔西·拉尔夫·里卡多（Halsey Ralph Ricardo，1854—1928）合作。新的工作环境和新的合作伙伴不但激发了摩根的新灵感，更为他带来了巨大的工作热情，他加入了艺术和手工艺展览协会，并在展会上展出他的设计作品。由于健康原因，之后不久，摩根和太太每年冬天都要移居较为温暖的意大利，虽然摩根夫妇非常惬意于这种两国转换的度假式生活，但是摩根与里卡多的合作却受到了一定影响。由于每年摩根有固定的时间不在英国国内，导致里卡多的部分项目受

Part I

皮克林
摩根的妻子伊芙琳·皮克林也是一位在绘画上很有造诣的艺术家。

德贝纳姆屋（右图）
这张照片拍摄于英国伦敦荷兰公园内的德贝纳姆屋。该建筑是由曾与摩根搭档近十年的建筑师里卡多于 1905 年接受一位英国商人德贝纳姆爵士（Ernest Ridley Debenham，1865—1952）有关百货公司的建筑委托而建的。建筑内部的装饰风格皆遵循工艺美术风格的主旨，墙面上的瓷砖是里卡多向摩根订制的。

Part I

瓷砖

摩根的瓷砖作品常以各类动物作为图案设计主题，且以独特的设计样式来表现其审美。为了绘制这些精美的图案，他不仅借鉴了英国雕刻师、作家托马斯·比维克《英国鸟类史记》（A History of English Birds）中的资料，还参照了英国作家爱德华·托塞尔的《四足兽的历史》（History of Four-Footed Beasts）中的图例；此外，摩根的参考资料还包括诸多鸟类学家及艺术家的著作。毫无疑问，摩根不仅运用各种艺术手法处理描绘对象的羽毛与鳞片，而且也对它们有着独特的偏好。为了能够让作品顺利复制生产，摩根还创造了一套独特的方法：先将原设计图张放置在一块玻璃上，再将一张薄纸放在玻璃背面拓印与填色；为此再设置一个光源；拷贝好的图纸放在完全涂抹了防滑涂料的瓷砖上，再用透明的釉料覆盖其上；最后通过烧制，拷贝纸将会被复制的图像所替代，瓷砖作品也就烧成了。

Part I

瓷砖（左图）
在摩根的动物瓷砖中，通常生物本身就是整体图案格局的一部分。例如这块为莫顿修道院制作的瓷砖，其中重复出现的装饰元素包括鸟、龙和树叶等。

瓷砖（下图）
这块看似简单的船绘图案阐述了如此多变的瓷砖画面设计是如何通过摩根之手创造出来的。相较于工业化生产的陶瓷，这类瓷砖的价格不菲，但同时为了吸引普通消费者，它的价格也并未超出一定范围。

到了一定的搁置，最终两人在 1898 年结束了合伙关系。但鉴于两人十年的友谊，摩根还是希望自己每年不在英国的时候，通过雇佣人手的方式来确保里卡多的项目进度。这一尝试最终也以失败告终，摩根的工作室也在 1907 年关张。摩根虽然在陶艺上投入了惊人的热情与精力，也创作了无数流芳后世的作品，但在经济上并没有获得多少回报。

进入晚年，多才多艺的摩根又义无反顾地投入到文字的创作中，他的生活也随之改变，摩根成为了一名成功的作家。他 1906 年的处女作以及之后几年的作品都非常畅销，而他一生中的五十六部文学作品都有不错的销量。从某种角度而言，德・摩根在写作上取得的成功可能超过了他在陶艺方面的成就。1917 年，威廉・弗伦德・德・摩根辞世，时至今日，他更多地被作为一名陶艺设计师为后世提及，但其实摩根也是一名成功的小说家和拥有奇思妙想的发明家。

《贝德福德的海葵》

由于摩根对釉料使用技术得心应手，使得这块瓷砖表面图案显得栩栩如生，堪称白釉与黑釉的完美结合。该作品属于摩根的早期作品之一，其设计灵感来自中世纪的植物与雕刻技术。作品名中所提到的贝德福德是伦敦当时新建的郊区公园。该作品问世后，最先装饰使用在了伦敦南华克区镇高街东边的塔巴德旅馆的墙面上。

Part I

1845——1915

Walter Crane

沃尔特·克莱恩

英国画家，设计师，尤其擅长肖像、人物及风景，同时也是当时最为重要的插画家，最擅长儿童书籍的插画。1884 年参与建立艺术工作者行会，1887 年参与建立艺术和手工艺展览协会，并任首任主席，1892 年发表《装饰艺术宣言》一书，对工艺美术运动的传播产生了重要的影响。

《天鹅》

克莱恩 1875 年设计的壁纸，主要采用描线平涂的技法，53 厘米见方。现藏于英国维多利亚和阿尔伯特博物馆。

Part I

沃尔特·克莱恩 1845 年出生于英国利物浦，家里一共五个孩子，他排行老三。父亲托马斯·克莱恩（Thomas Crane，1808—1859）是一位肖像画家和微雕艺术家，故自小受到艺术的熏陶。年轻的克莱恩就因其多才多艺而为当时世人所熟知。他为英国诗人阿尔弗雷德·丁尼生（Alfred Tennyson，1809—1892）的《夏洛特》（Lady of Shalott）所绘制的作

Part I

《夏洛特》

克莱恩 1862 年创作的作品，布面油画，长 29.2 厘米，高 24.1 厘米。现藏于美国耶鲁大学英国艺术中心。

Part I

品更是引起了艺术评论家约翰·拉斯金和威廉·詹姆斯·林顿（William James Linton，1812—1897）的赏识，而后者是当时最著名的木刻版画家。1859 年，十三岁的克莱恩正式拜于林顿门下，开始了为期三年的学业。学习内容除了研习罗塞蒂、米莱斯、伯恩－琼斯等三位拉斐尔前派大师外，还有一些意大利前期大师的作品。同时他也深受约翰·拉斯金美学理念以及思想著作的影响，深刻认识到尊重手工艺者的重要性。之后克莱恩跟随林顿从事图书出版工作，而当林顿移居美国之后，克莱恩又继续学习了印刷技术等。

在完成了三年学习之后，克莱恩开始了半工半读的生涯，他白天工作，晚上则继续在哈瑟利美术学校进行艺术学习。始建于 1845 年的哈瑟利美术学校被认为是伦敦最古老的艺术学府，也是英国为数不多的以肖像画、具象绘画和雕塑为教学重点的学院。而克莱恩的工作主要是为图书的封面或章节起首以及内页绘制各类插图，在工作中，他已经慢慢学会用简单的方式准确表达作品的细节，使得每幅插画作品都成为独立的存在，当然也渐渐地开始形成自己所独有的绘画风格。克莱恩的早期作品曾于 1862 年入选皇家学院的展览，这些作品都有着较为明显的拉斐尔前派风格的倾向，比如他的《夏洛特》。但随着自我风格的形成，克莱恩的作品慢慢地开始

林顿

作为英国著名的木刻版画家，威廉·詹姆斯·林顿多才多艺，他同时还是风景画家、作家和政治家。

会员卡

克莱恩 1890 年设计的铁匠协会的会员卡，卡上还有威廉·莫里斯的签名。现由私人收藏。

《鲁思和波阿斯》

布面油画，克莱恩 1863 年创作的作品。

《无情的妖女》

1865 年克莱恩根据约翰·济慈的同名诗创作的布面油画。有很多拉斐尔前派画家画过这一题材的作品。现由私人收藏。

Part I

《冬》和《夏》

英国插图画家、设计师克莱恩的两幅作品，《四季》四联组画中的两幅，作于约1880年。

肖像画
克莱恩父亲托马斯·克莱恩绘制的幼年的克莱恩的肖像画，画中的小克莱恩一身女装，非常可爱。

游离于当时英国主流绘画风格之外。当克莱恩在1863年结识木雕版画家艾德蒙·埃文斯（Edmund Evans，1826—1905）之后，他创作中这种对于主流的背离更为明显，克莱恩和埃文斯一同投入到更具创意的实验性工作中，为埃文斯的廉价怪诞小说创作封面。1865—1866年，克莱恩的第一个插画童书系列得以出版，这系列是一个相当成功的作品，在之后三十年里总共再版了五十次。他的插画作品为19世纪英国儿童文学带来了全新的面貌。克莱恩也未就此止步，他又在自己的插画中糅合进了15世纪佛罗伦萨画派及日本浮世绘的特色，创作了又一全新的以《青蛙王子》为首篇的系列童书。

1871年，克莱恩和玛丽·弗朗西斯·安德鲁斯完婚，两人携手终老。19世纪80年代，受威廉·莫里斯的影响，克莱恩开始参与社会主义运动，而他更多的参与方式就是绘制并出版有关运动的周刊。和莫里斯一样，克莱恩主张艺术不是有钱人的专利，艺术应该为各阶层服务，他希望把艺术带入所有阶层的日常生活中，为此他参与设计了诸多墙纸、纺织面料和室内空间，从而开始真正成为工艺美术运动的一员。1884年，他又以极大的热诚参与了艺术工作者行会（Art Workers Guild）的建立。1887年与威廉·莫里斯、爱德华·伯恩－琼斯等人一起发起并组建艺术和手工艺展览

书籍插页

克莱恩为莫里斯的小说《呼啸平原的故事》所绘制的首页图画。该书出版于1890年。

THE STORY OF THE GLITTERING PLAIN OR THE LAND OF LIVING MEN

Chapter I. Of those Three who came unto Hallblithe to the House of the Raven

IT HAS been told that there was once a young man of free kindred and whose name was Hallblithe: he was fair, strong, and not untried in battle; he was of the House of the Raven of old time. This

Part I

协会，并担任首任主席，该协会于 1888 年 11 月在伦敦举办了首届装饰艺术展，影响颇巨，而该协会的名称也正是“工艺美术运动”一词的由来。1894 年，克莱恩与莫里斯合作出版了著名的小说《呼啸平原的故事》）（The Story of the Glittering Plain），他以 15 世纪德国和意大利木雕的方式为该小说创造了许多脍炙人口的木刻版画插图。而这种改良后的手工艺生产方式很好地实践了工艺美术运动的主旨。

克莱恩曾为杰弗瑞公司（Jeffrey & Co）设计过大量引领潮流的纹样及壁纸作品，而杰弗瑞公司是之后新艺术运动中英国壁纸的领军企业。当然作为一名设计师，克莱恩还服务过许多其他公司，包括 19 世纪世界最大的瓷砖公司 MAW、玻璃生产商皮尔金顿（Pilkington）以及著名的瓷器生产商玮致活（Wedgwood）。

同时克莱恩也非常关心并致力于艺术教育活动，1893—1896 年期间他担任曼彻斯特艺术学院的艺术指导，并在 1898 年短期担任了皇家艺术学院的校长。1892 年发表了《装饰艺术宣言》（The Claims of Decotative Art）一书，对工艺美术运动的传播产生了重要的影响，后又著有《设计基础》（the Bases of Design）《线条和形式》（Line and Form）等。1915 年克莱恩于霍舍姆（Horsham）去世。

《装饰艺术宣言》
荷兰设计师吉赛尔霍夫 1903 年为克莱恩著作的荷兰文译本所作的装帧设计，以木板和印刷了图案的纸做封面，该著作对荷兰工艺美术运动影响深远。

插图（右图）
1884 年克莱恩为童话故事创作的插图。

插图（下图）
1887 年克莱恩为儿童版《伊索寓言》创作的插图。

Part I

Part I

1849—1924

Christopher Whitworth Whall

克里斯托弗·惠氏·沃尔

英国设计师，工艺美术运动的代表人物之一。生于北安普顿郡和亨廷顿郡交界处的一教区长家庭。受教于伦敦皇家艺术学校，1876 年去意大利，受到中世纪和文艺复兴艺术的影响。1879 年回国后，开始彩色玻璃的设计制作，并逐渐成为该行业中的领军人物。19 世纪 90 年代，他为苏格兰诸多建筑设计制作彩色玻璃窗，如道格拉斯城堡和菲特斯学院等，得到众多同行的追随。他最重要的作品是格洛斯特大教堂中女士礼拜堂的彩色玻璃窗制作。后任教于伦敦皇家艺术学院，并且堪称该校富有影响的工艺美术教师。1905 年开设工作室，是艺术和手工艺展览协会非常活跃的成员，1912 年成为艺术工作者行会会长。著有《彩色玻璃：玻璃学生和制作者课本》（Stained Glass Work： A Text Book for Students and Workers in Glass）。他的事业及工作室后由其女儿维罗妮卡·玛丽·沃尔（Veronica Mary Whall，1887—1970）继承，后者也是英国著名的彩色玻璃设计师。

《圣恰德》

沃尔于1901—1910年为英格兰格洛斯特教堂所设计的彩色玻璃窗。其图像富有神秘感，制作更为精细，色块和线条的使用犹如绘画，工艺十分精湛。现藏于英国维多利亚和阿尔伯特博物馆。

Part I

1851—1942

Arthur Heygate Mackmurdo

亚瑟·海盖特·马克穆多

英国建筑设计师，工艺美术运动先驱。生于米德尔塞克斯的埃德蒙顿(Edmonton)。最早接受新艺术的影响是在1869年随詹姆士·布鲁克斯(James Brooks，1825—1901）学徒期间，对哥特复兴建筑产生兴趣。1873年入牛津大学拉斯金的美术学校学习绘画和工艺美术，次年随后者前往意大利。同年在伦敦开设建筑事务所。1882年创建“世纪行会”，是为英国工艺美术运动重要的组织之一。1884年参与创办专业艺术期刊《玩具马》(Hobby Horse)，并为其创作设计了诸多插画。其主要建筑设计作品包括1887年的伦敦恩菲尔德普里维特路8号、1893—1894年的伦敦卡多甘花园等。

装帧作品

马克穆多 1884 年参与创办专业艺术期刊《玩具马》，这是英国插画家伊马奇 1893 年为杂志《玩具马》所绘的一个封面。

Part I

柜子（右图）
马克穆多和霍恩 1887 年的作品。椴木柜体，桃木柜门，铜质把手。现藏于伦敦威廉·莫里斯美术馆。

写字台（下图）
马克穆多约 1886 年的作品，橡木。其简洁而干练的架构正是工艺美术运动前期设计师们所遵循的样板。

Part I

Part I

Part I

1857—1931

William Richard Lethaby

威廉·理查德·莱萨比

英国建筑师，建筑史论家。生于德文郡巴恩斯塔普尔一传教士家庭，曾随一建筑师当学徒，1879 年在伦敦著名建筑师理查德·诺曼·肖（Richard Norman Shaw，1831—1912）的工作室工作，其间参与古典建筑保护协会的活动，成为莫里斯和韦伯的朋友。1884 年参与组建“艺术工作者行会”。1889 年起开始独立进行建筑设计，并涉猎各个方面，包括家具设计、玻璃设计、书籍装帧设计等。对中世纪神秘的象征主义建筑与设计颇有研究，1891 年出版《建筑、神秘和神话》（Architecture，Mysticism，and Myth），这是第一本关于建筑象征主义的专著，其抽象的哲学内涵令人对建筑美学有了新的认识。1894 年担任伦敦郡县委员会技术教育部的艺术监督，所提出的关于艺术工艺和实践的主张直接促成 1896 年中央工艺美术学校的创建。1901 年被任命为皇家艺术学院的设计学教授。他的建筑设计观点影响极为深远。还著有《中世纪艺术》（Mediaeval Art）等。

教堂（上图）

英国诸圣教堂，位于赫里福德郡的布鲁克汉普顿，建于 1901—1902 年，由莱萨比设计。这是典型的工艺美术风格教堂建筑，朴实而庄重，没有多余的雕饰，带有园林艺术特征。

长桌（下图）

莱萨比 1892 年创作的作品，乌木、冬青木镶嵌图案，桌脚为黄铜材质，桌腿对桌脚的反复重现令原本日常平淡的家具增添了趣味。

Part

1861—1944
Joseph Edward Southall
约瑟夫·爱德华·索斯奥

英国画家，工艺美术运动的代表人物之一。生于诺丁汉一教友派信徒家庭，少时在约克郡的教友派学校读书，1878年后在“马丁和张伯伦”建筑事务所当学徒，并同时在伯明翰艺术学校学习，期间深受拉斯金和工艺美术运动的影响。曾游历法国北部诸古典城市，并且在意大利各大名城感受中世纪建筑艺术和绘画艺术，尤其是文艺复兴运动的精髓，对已然失传的蛋彩画情有独钟，回国后即致力于重新开发蛋彩画技法，试图恢复这一古老的精美艺术，这一努力贯穿了19世纪80年代。他的作品受到以伯恩－琼斯为首的艺术家的认可和追捧，成为维多利亚时代最具权威性的蛋彩画艺术家。第一次世界大战爆发前，他一直致力于蛋彩画的创作，并在欧洲和北美巡回展出，影响甚巨。曾参加各个艺术家协会，包括艺术工作者行会。战争爆发后，他基本停止创作，加入反战组织，并为反战媒体做插图。1925年成为皇家水彩画协会和新英国艺术俱乐部成员，1939年被选为皇家伯明翰艺术家协会主席。

《给长者的新灯》

索斯奥于 1900—1901 年创作的布面绘画作品。他所使用的蛋彩绘法为中世纪失传的油彩绘画技术。现藏于英国伯明翰博物馆和艺术画廊。

Part I

1863—1942

Charles Robert Ashbee

查尔斯·罗伯特·阿什比

英国建筑师，企业家，乌托邦主义者。生于伦敦一商人家庭。1888 年在伦敦组建具有中世纪行会性质的“手工艺行会”，并于 1895 年配建学校，向穷人传授艺术，致力于实现社会改革。他的行会工厂设计生产包括铜器、玻璃、银器和珠宝等在内的众多手工艺品。1904 年，他又开办了艺术和手工艺学校。阿什比在将近二十年的时间里为人们提供了民主而平等的手工艺行会般的工作和学习机会。他的作品曾在欧洲大陆巡回展出，他的影响扩及美国，他是将英国工艺美术精神带到北美的主要人物之一，直接影响了一代宗师——美国建筑和室内设计师赖特。

盐罐

阿什比约 1900 年创作的一个室内装饰物件，主要用银片打磨而成，施以抛光、镂雕技术，并局部镀金，镶嵌红玉髓，造型模仿人体。现藏于英国维多利亚和阿尔伯特博物馆。

Part I

奖杯

阿什比于1900—1901年为绘画和着色公司举办的一次纪念活动而设计，银质，外表经过了珐琅技术处理，并且以浮雕方式塑造了文字和花样纹案。现藏于英国维多利亚和阿尔伯特博物馆。

阿什比1863年诞生于英国伦敦，父亲亨利·斯宾塞·阿什比是一名兼有特殊藏书爱好的商人，母亲是一位犹太裔女权主义者，阿什比的姐妹在很大程度上都受到了其母亲的影响。

阿什比在惠灵顿学院完成学业后，于1883—1886年在剑桥大学国王学院攻读历史学。在他的学生时代，阿什比深受约翰·拉斯金和威廉·莫里斯的著作影响。在汤因比社区服务中心(Toynbee Hall)进行社会实习期间，阿什比接受了两位大师有关创意手工工厂以及独立手工艺者的论述，同时深刻认识到维护手工艺者利益的重要性。之后阿什比又师从哥特复兴风格的建筑师乔治·弗雷德里克·伯德雷（George Frederick Bodley，1827—1907）学习建筑设计。

和其他几位工艺美术运动干将一样，阿什比也活跃于当时的各个领域，一开始他是一名设计师，之后又从事写作、建筑，开办企业并热衷社会改革。

餐具

阿什比于1900—1902年创作的作品，银质为主，镶嵌象牙、孔雀石、绿宝石和鲍文玉等材料，由手工艺行会制作。现藏于英国维多利亚和阿尔伯特博物馆。

Part I

Part I

THE GIFT OF ANNE
ISABELLA NOEL BLUNT TO
HER SISTER
MARY CAROLINE LOVELACE

《罗弗莱丝》

阿什比约 1900 年设计的带抽屉的写字桌，手工艺行会制作，橡木，外部着黑色，内里着红色，部件为铁等材料，配以摩洛哥皮革。打开的门内面的绘画为设计师沃塞的作品。现由私人收藏。

Part I

在汤因比社区服务中心的工作经历深刻地影响了阿什比对于社会改良的认知，同时促使其在 1888 年发起并成立了手工艺行会。行会的宗旨是为了有效地雇佣和训练手工匠人，让他们获得必要的技术能力和审美能力，以便更有效地从事工艺设计工作。从这一点可以看出，这个行会的着眼点不是作为设计活动之结果的物品，而是作为设计者的创作者，是人本身。这是非常重要的一点，因为对于任何设计工作来说，设计者和工匠无疑才是第一要素。就这方面来说，该行会的理想主义色彩似乎更为浓郁，当然这是相较于艺术工作者行会而言的。

行会成立之初遭遇到了极为萧条的境况，据说其全部运转资金总共才数十英镑，并且只有三个成员。行会的所有成员都是通过自己学习、独自摸索而跻身于手工设计领域的，他们在行会中彼此交流，将自己的成长历程作为财富与他人分享。对此，阿什比曾说：“正是在这样的交流中，产生了许多有创造力的想法；正是这些想法，将这一小撮成员团结在了一个小作坊里，他们彼此信任、互相帮助，并且了解彼此的不足之处；他们的作品是富有创意的，在其中表现出了每个人所特有的个性，并且具有强烈的手工艺特征。”阿什比在别的场合还特别强调了“愉快制造”概念在手工艺设计中的意义：“每一件艺术品都应该被人们在愉快的工作状态下设计、制作出来。”愉快制造，这是这个行会的成员所秉持的最主要的艺术信念。

1891 年，行会迁址搬往伦敦东区的埃塞克斯。在行会的新址上，工种在原来的基础上增加了珠宝、银器和搪瓷等项目。1894 年，阿什比开始系统地对伦敦的古旧建筑遗址进行梳理，并试图对它们进行有效的维护，他的这一举措不由令人想起由菲利普·韦伯和威廉·莫里斯共同创建的古典建筑保护协会。

作为行会的主要发起人，阿什比深谙传统设计教育体系在焕发人之主体创造性问题上难有作为的无奈处境。不过，通过对行会的创建和设计实践活动，他也发现了行会制度本身所具有的诸多局限性。如行会的相对纯

玻璃水瓶（右图）
阿什比约 1904—1905 年设计，并由手工艺行会生产。绿色玻璃配以纯银把手，壶盖上有绿色宝石装饰。现藏于英国维多利亚和阿尔伯特博物馆。

Part I

粹的民间性，注定了行会自身不能方便地获得大量的资金；与此同时，行会本身的主张和艺术成果的传播，有时也缺乏足够多的途径。此外最重要的一个问题是，行会本身作为一个自愿参与型的松散组织，缺乏足够的稳固性和可传承性。

基于这些考虑，阿什比从1895年开始试图谋求行会与学校之间的业务联合，他的基本设想是：学校里的每个学生先作出初步的设计构思，然后再通过行会成员或其他手工匠人的合作与帮助，将学生的构思蓝图实现于实际材料之中；在这个合作过程中，获得对双方都有好处的结果。阿什比的这些创意的实质，是希望使行会制度更加规范化，同时也促使传统的学校教育更加贴近手工设计的最前沿，并扶持平民学生获得艺术培养。他的设想虽然是好的，但是其具体运作却并非一帆风顺，成就也不明显。

1898年，阿什比迎娶了一位富有的股票经纪人之女。在新婚之夜，他向妻子珍妮特·福布斯坦白了他不为人知的双性恋倾向，而这段看似危险的婚姻却维持了十三年，阿什比也与太太孕育了四个孩子。同年，阿什比还开办了埃塞克斯出版社，并在之后三年内共出版了

Part I

书房柜

阿什比的设计作品，由手工艺行会生产，1902年秋天在伦敦伍德伯里美术馆展出。该柜子结构严谨，工艺精湛，柜门内里甚至有烛台用以照明，木嵌饰细致而大气。

Part I

七十几本印刷品。同一年，手工艺行会得到了资本的扩容，阿什比的理想车间也获得了相对的成功。

1900 年，行会的工人增加到了三十多人，也获得了可观的订单，两年之后，手工艺行会由伦敦迁往一个较偏远的乡村——格洛斯特郡的齐品坎普顿（Chipping Campden）镇，阿什比的初衷是贴近自然，令他的工人能健康愉快地工作和生活。但实际上行会成员都委身于破旧的村舍中，在这样的条件下继续着艺术上的探索与实践。基本生活物质条件的破败，交通的不便，再加上行会经营运作所面对的各种市场障碍，最终导致行会经济状况每况愈下。1904 年，在格洛斯特郡议会的资助下，阿什比又创办了艺术和手工艺学校，但终因资金问题而于 1907 年关闭。

1919 年，手工艺行会被迫停止了相应的活动，阿什比也面临着人生的转折，面对这种艰难局面，阿什比一度苦痛彷徨，他在辗转反侧中写了《我们应该停止传授艺术吗？》一文进行反思。阿什比本人虽然受拉斯金和莫里斯思想的影响，但却并不是一个盲目的追随者，也不是缺乏艺术创见的人。无论是拉斯金抑或莫里斯，都对机械文明抱有极其鲜明的批判态度，并且在此基础之上怀有社会改良、甚至是社会革命的激进情怀。在这些方面，阿什比都持有保留态度。他虽然不欢迎机器，但是却也不是无条件排斥机器，而是主张尽量改造机器的意义和价值，从而去征服机器，使之更符合于手工艺术的需要。如果阿什比不能被称为理想主义者的话，那么他至少可以被视作一个希望主义者——他对机器文明抱有希望。因此阿什比得出的最终结论令那些恪守手工设计理念的人无不气馁：“如果只是依靠单纯的精神层面的激励和纯粹化的艺术教育，如果没有机器的介入，现代文明就不会存在。”不管人们是否愿意接受他的这一结论，大多数人都不得不承认他至少是道出了一个历史事实：从 18 世纪中期以来直至 19 世纪晚期，以机械秩序为其基本表征的近现代工业文明，确实一直处于主导性地位。推崇手工设计理念的设计师们所抱有的“通过艺术设计来挽救人情与道德”的宏大理想，无疑是令人敬佩的；不过，他们虽然反对机械工业文明，但他们自身却始终没能完全脱离开这种文明场景，他们是被抛入机械文明之中的，对此，他们似乎别无选择。阿什比的忧虑就恰好说明了这一点。正如一位艺术史学者所评论的：“倡导手工艺理念或许是一个善良的事业，但却可能注定是一个失败的事业，因为我们每一个人都不可避免地已经置身于机器时代之中，并且无处可逃。”

1919—1923 年，阿什比旅居耶路撒冷，在那里从事故旧建筑的保护和研究工作。之后他又返回英格兰并跨入退休生活。无论成功与否，对于阿什比这样一位致力于自我理想的“工匠”而言，他永远充满着对未来不懈的信心。

柜子

阿什比约 1905 年的作品，手工艺行会制作，桃木，内部抽屉和小门等部位用金粉在摩洛哥皮革上压制了雪松图案。该作品在构思上受到西班牙设计风格的影响。

Part I

1864—1919

Ernest William Gimson

厄内斯特·威廉·吉姆森

英国建筑师、设计师。生于雷切斯特一工程师及金工厂厂主家庭。少时在一建筑事务所当学徒，20岁时听莫里斯开办的"艺术和社会主义"讲座，深受后者的影响，成为工艺美术运动重要的建筑设计师之一。后在伦敦同一干设计界前辈合作，包括约翰·丹多·塞丁（John Dando Sedding，1838—1891）和理查德·诺曼·肖等。他在传统的建筑设计工艺如抹灰泥、旋木工艺和椅子成型工艺等方面独有专长。1889年，加入莫里斯的古典建筑保护协会，1893年同朋友移居格罗斯特郡，在乡村科茨沃尔兹实践同自然相处的生活。1900年在塞伦切斯特开办工厂，正式形成了其独立的风格。曾设想建设一个理想的手工艺村落。他的设计范围很广，举凡同建筑和生活有关的无所不包。后人对他的设计评价很高，他甚至被称为"英国最伟大的建筑设计师"。

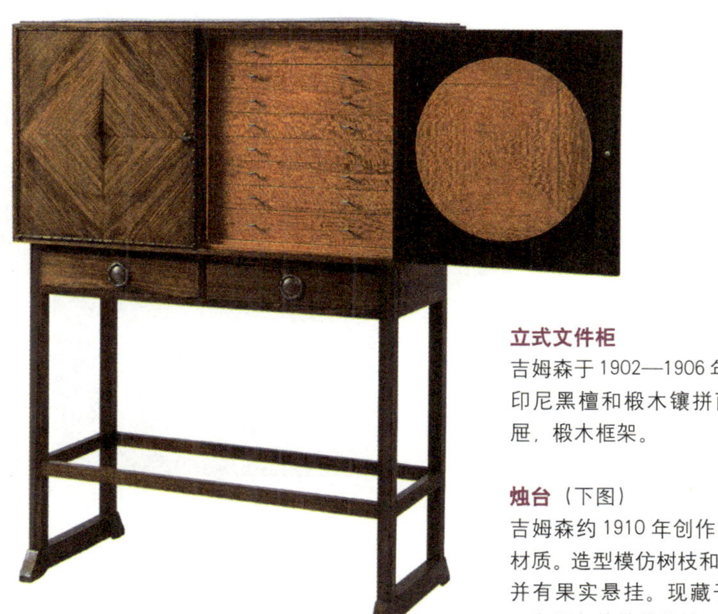

立式文件柜

吉姆森于 1902—1906 年创作的作品，印尼黑檀和椴木镶拼面板，雪松抽屉，椴木框架。

烛台（下图）

吉姆森约 1910 年创作的作品，黄铜材质。造型模仿树枝和树叶的形状，并有果实悬挂。现藏于英国维多利亚和阿尔伯特博物馆。

Part I

1865—1945
Mackay Hugh Baillie Scott
麦凯·休·贝利·斯考特

英国建筑师，设计师。生于肯特郡的比尔兹山。原学于皇家农业学院，但因为兴趣在于建筑设计而辍学。1886 年在巴斯受雇为建筑师。1889 年移居曼岛的道格拉斯，曾在曼岛艺术学校读书，1891 年在该校任教，并结识设计师阿奇博德·诺克斯（Archibald Knox，1864—1933），两人开始合作设计包括彩色玻璃窗、铸铁件和家具在内的制品。1893 年自行设计的居所得到社会认可，1901 年甚至获得了室内装饰竞赛的最高奖。同年举家离开曼岛迁居贝德福德，此时其建筑设计进入最辉煌的时期。他是英国工艺美术运动的积极参与者，在莫里斯和拉斯金理论的基础上确立了自己独一无二的风格，他一生的建筑设计逾三百个。

室内场景

斯考特的建筑室内场景，该建筑建于 1898—1900 年。其结构稳重，内饰极其简单，符合工艺美术运动的基本原则。

室内场景

斯考特所设计的德国曼海姆音乐室的室内装饰场景，总体效果敞亮、实用而美观，阳光透过彩色玻璃窗铺洒在地板上，极为自然。

彩色玻璃窗（左图）

斯考特 1902 年为德国曼海姆音乐室设计制作，非常具有装饰意味，玻璃上的纹样极其精致，透露着丰富的自然气息。现藏于德国国家艺术博物馆。

Part I

钢琴柜

斯考特 1897 年的设计作品。现藏于美国芝加哥艺术学院。

《曼克斯曼》

斯考特 1896 年设计的钢琴，黑漆桃花心木，雕花，白蜡、珍珠母贝和着色木镶嵌，镀银把手和铰链。制作于约 1903 年。现藏于英国维多利亚和阿尔伯特博物馆。

Part I

1869—1933
John Paul Cooper
约翰·保罗·库珀尔

英国建筑师，珠宝设计师。生于莱斯特，是工艺美术运动的重要成员之一，他的珠宝设计别具一格，无论从造型还是选材上，都追求贴近自然，手工艺尽善尽美，作品华丽而不同寻常，其作品往往富有象征意义，是工艺美术运动中最重要的珠宝设计师。他去世后半年莱斯特市立博物馆曾举行其作品回顾展，众多精美绝伦的珠宝作品汇聚一堂，令世人难忘。

挂件（右图）
库珀尔 1906 年设计的作品。金银混合材质，亚宝石镶嵌。现藏于英国维多利亚和阿尔伯特博物馆。

装饰盒（下图）
库珀尔设计的镀金石膏装饰八角盒。

Part 2
工艺美术运动
美国大师及杰作

Part 2

“荷兰艺术和手工艺”的商标

1854—1923
Charles Limbert
查尔斯·林伯特

美国设计师，家具工厂厂主。生于宾夕法尼亚州的莱昂斯维尔一木工家庭。早年师从欧洲多位设计师，尤其受到苏格兰设计师麦金托什的思想影响，而在艺术上，日本文化和美国的草原风格也是他日后艺术设计的灵感源泉。后从事家具营销，1894 年在密歇根州大急流城建立工厂，制作有荷兰风格的家具，1902 年开始挂牌“荷兰艺术和手工艺”，1906 年在密歇根霍兰的湖岸重新开设工厂，以为他的工人提供舒适而健康的工作环境。图为林伯特的产品商标。

图书馆桌

美国设计师林伯特的作品，橡木。在工艺美术运动中，类似专用于公共文化空间的作品并不多见。该桌子造型另类，大大超出了简单阅读所必需的功能，造型上特别突出弧线和直线的对比，风格鲜明。

Part 2

1856—1915

Elbert Green Hubbard

埃尔伯特·格林·哈伯德

美国作家，出版家，艺术家和哲学家。生于伊利诺伊的布罗明顿，早年为芝加哥的报纸当自由作家，受英国工艺美术运动的观念影响，尤其赞同威廉·莫里斯的观点。1895—1915 年其所办杂志《腓力斯人》（The Philistine）以传播工艺美术理念为宗旨，1908—1917 年又经营出版《兄弟》（The Fra）杂志，亦以宣传工艺美术运动为己任。著有十四卷自传体笔记《短途旅行》（Little Journeys）、《致加西亚的信》（A Message to Garcia）、《时间和机会》（Time and Chance）等。

书橱

书橱是工艺美术运动设计师们偏爱的作品门类，这个罗伊克罗夫特出品的单门书橱集中体现了哈伯德对于传统手工艺的尊重。

Part2

Part2

台灯

哈伯德非常鼓励各种工艺的综合运用，罗伊克罗夫特的产品往往是金属、木材和玻璃混合的杰作，例如这盏台灯，表现出设计师对于材料和技艺的熟练掌握。

哈伯德在伦敦旅行的时候结识了莫里斯，因仰慕莫里斯的出版机构，哈伯德开设了“罗伊克罗夫特出版社”，以17世纪英国手工印刷匠罗伊克罗夫特命名，志在复兴旧的手工艺术，尤其是艺术印刷的手工制作。由于出版的书籍《致加西亚的信》的畅销，导致大批读者蜂拥而至，1895年哈伯德在纽约的东奥罗拉开设了“罗伊克罗夫特客栈”（Roycroft Shop），用来安置热情的读者，客栈装修时，哈伯德根据自己对莫里斯设计理念的认知，让当地的手工艺人制作了一系列简单的直线形家具，却意外受到了热烈的欢迎。罗伊克罗夫特客栈的成功是偶然也是必然，哈伯德是个出色的经营者，但他自己并不是一名设计师，其公司旗下也没有声名显赫的设计师，但他却是第一个把公司名字作为醒目的辨识标签雕刻在每一件出品的家具上的人，这个举措让“罗伊克罗夫特”成为风格和品质的保证，人们相信带有这个标志的家具就是哈伯德品位和那个经典时代的象征，因而趋之若鹜。

书架（下图）
造型别致的书架，风格与斯蒂克利的设计非常类似，罗伊克罗夫特的产品并不一定追求十足的原创，但总是非常受欢迎的。

凳子（上图）
虽然并没有雇用所谓的天才设计师，但罗伊克罗夫特的产品以其简单平直的设计线条受到公众的欢迎，并在一定程度上改良了手工艺风格。

公司标志（下图）
哈伯德开创性的商业尝试，“Roycroft”（罗伊克罗夫特）一词以及它的变形图案出现在每一件公司出品的家具上，并迅速为公众认同。

Part 2

Part2

座椅

哈伯德的家具作品带有明显的英国风格和莫里斯血统。这把厚重风格的枫木椅子是罗伊克罗夫特产品目录上的主打设计。

桌子（下图）

橡木是美式手工艺家具常用的木材，但是在罗伊克罗夫特的标准产品目录中依然提供给客户更多样的选择。例如这张桌子也可以选择枫木材质的。

扶手椅（上图）

1906年罗伊克罗夫特推出的这把皮制扶手椅，得益于公司在皮革处理方面的丰富经验。这把皮椅具有精美的手工浮雕花纹，充分展示出罗伊克罗夫特在皮具制作方面的高超水平。

书桌

罗伊克罗夫特的经典款书桌，铜质的把手和配件都是由公司的金属制品部提供。

Part2

1858—1942

Gustav Stickley

古斯塔夫·斯蒂克利

美国设计师，美国工艺美术运动的主要人物之一，也是美国成就最为卓著的家具设计制作师。生于威斯康辛奥斯塞拉一德国移民家庭，自小受到严格的教育，并协助石匠父亲养家。1876年入其叔父的家具工厂工作，1883年同其弟联手开办斯蒂克利兄弟公司，19世纪90年代事业逐渐发展，1900年创办家居设计和制造公司。其所设计的家具以一种单一的风格面世，日后被称作“传教士风格”（Mission Style）。他是纽约“手工匠人工厂”的经营者。1901年创办杂志《手工艺人》（The Craftsman），主张所有艺术和手工艺都应该简单而平民化。

室内场景（上图）

斯蒂克利设计的一个会客厅实景，位于新泽西。斯蒂克利在新泽西成立了一个“手工匠人农场”，该会客厅就位于这个“农场”中。室内的空间架构自然朴实，所有家具都透露着材质自身的原始气息，这是一种手工主义，也是一种自然主义。

六角凳

斯蒂克利1901年设计的六角形小凳子。

斯蒂克利所特有的“传教士风格”，其灵感来自西班牙的方济会在1796年至1823年间在美国各州所建造的修道院。这种风格的家具具有简单的几何造型，美丽直观的装饰以及质朴厚重的橡木材质，非常适合批量生产，也能满足当时中产家庭的消费预算，一度成为美国家庭的标准配置。

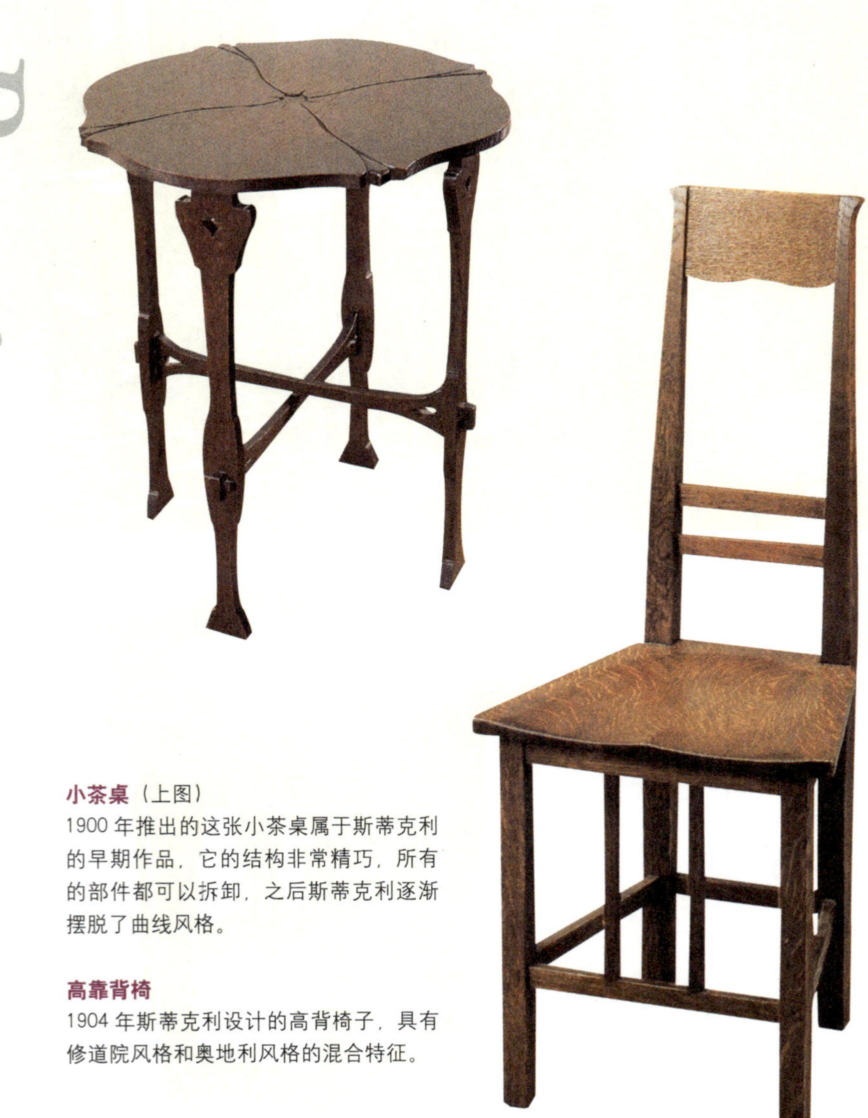

小茶桌（上图）
1900年推出的这张小茶桌属于斯蒂克利的早期作品，它的结构非常精巧，所有的部件都可以拆卸，之后斯蒂克利逐渐摆脱了曲线风格。

高靠背椅
1904年斯蒂克利设计的高背椅子，具有修道院风格和奥地利风格的混合特征。

靠背长椅（上图）
1913 年推出的靠背长椅，成为斯蒂克利最受欢迎的单品之一。

小搁架（上图）
令人惊叹的简约设计，售价也非常实惠，这一系列产品让斯蒂克利的公司在 1904 年左右迅速扩大了顾客群。

扶手椅（左图）
造型敦实的厚木扶手椅，结构和技术都非常接近现代设计，维持美观的同时，成本也被大幅降低了。

Part2

Part 2

活动桌

1902 年版的活动桌，斯蒂克利的设计显然比他 1900 年版的活动桌更为简洁随意，风格更加强烈。

扶手椅

1914年出品的这把扶手椅，显示出斯蒂克利在保持风格的同时，为减少厚重感而做出的努力，这把椅子的结构部件明显变得轻巧了，靠背也采用了镂空的设计。

摇椅

这是一件1890年左右的早期作品，从风格上可以看出维多利亚晚期风格对于斯蒂克利设计的影响。

Part2

小方桌

这张1902年出品的小桌子，是斯蒂克利与兄弟合作的结晶。

Part 2

1868—1957
Charles Sumner Greene
查尔斯·萨姆纳·格林

1870—1954
Henry Mather Greene
亨利·马瑟·格林

美国建筑设计师，工艺美术运动的代表人物。生于俄亥俄州的布莱顿，少时在当地一手工艺学校受训。1894年在帕萨迪纳市成立设计师事务所"格林兄弟工作室"。1901年查尔斯新婚去欧洲度蜜月，接触到大量欧洲工艺美术运动大师及其作品，回国后，致力于工艺美术精神的阐发，是美国工艺美术运动加利福尼亚设计学派的开创者，强调建筑外表和内里的一致性。其作品多有东方艺术的元素。1952年，在兄弟二人还未去世时，美国建筑研究院给予格林兄弟殊高荣誉，称他们为如何审视建筑"提供了新路径"，对美国"新型本土建筑"的成型作出了重要贡献。

室内实景

格林兄弟于1908—1909年设计建造的建筑，位于加利福尼亚州帕萨迪纳市，这是甘波住宅中的起居室。

1874 年，当格林兄弟十多岁的时候，全家搬迁到圣路易斯居住，随后兄弟二人注册入华盛顿大学手工训练学校学习，并分别从 1883 年和 1884 年开始学习木工和金属工艺技术。这一早年学习经历令他们对工具、原料及技术等问题不仅有了感性的了解，同时也对手工艺术问题有了初步的认识。当时格林兄弟一家人居住在一所狭窄逼仄的公寓里，而他们的父亲作为呼吸科医生，却又需要房间具备良好的阳光条件和自由流通的新鲜空气，这种来源于现实生活情境的尴尬和矛盾，很可能对格林兄弟后来的住宅空间理念发生过重要影响。

格林兄弟之所以后来成为建筑师，首先并不是出于他们自身的职业兴趣，而是由于其父亲的着意安排。在结束了早期手工技艺学习之后，兄弟二人于 1888 年被父亲安排入麻省理工学院的建筑学院学习。他们在此研究了西方建筑的古典风格，并取得了建筑设计师职业资格。1891 年他们

甘波住宅外景

以讲求内外一致性来说，通过这个外在景观可以想见其内在的结构精致和布局严谨。现为博物馆。

Part2

从学校毕业，1893 年，芝加哥举办了世界博览会，他们在展会上看到了日本展馆的建筑及装饰，留下了很深的印象。东方艺术及其精神后来也成为他们设计生涯中非常重要的元素。同年应已经迁居于加州帕萨迪纳市的父母的要求，兄弟俩奔赴帕萨迪纳，并于1894 年秋天成立了建筑设计工作室，即“格林兄弟工作室”（Greene & Greene）。20 世纪初，查尔斯·格林与未婚妻爱丽丝结婚，随后用了四个月的时间周游于英格兰、苏格兰以及欧洲大陆，这一游历过程点燃了他对于英国工艺美术风潮的兴趣。

“格林兄弟工作室”的辉煌岁月主要是在 20 世纪初的十年间，其业务重点是民用私人住宅项目，他们几乎从不接受商务项目。曾有多个项目邀请他们为位于洛杉矶市中心商务区的商业建筑做设计，但屡被他们拒绝。从 1903 年开始，格林兄弟开始为客户提供“整全式服务”，即不但负责提供设计，而且还负责建造、装修以及诸如家具配置等内部装饰方案。在1907 至 1909 年间，他们的建筑设计职业生涯达到了顶峰阶段，其代表作是一系列的“高端平房”（Ultimate Bungalows）。著名的甘波住宅（Gamble House）也是这期间的作品。建筑位于加州的帕萨迪纳市，整体关照了建筑同景观的融合，及其自身对阳光和绿色的包容，建筑架构严谨，工艺十分精湛，是美国工艺美术运动的代表作，格林兄弟也因而成为加利福尼亚设计学派的开创者。该建筑现已辟为博物馆。在这十年间，他们共负责实施了约一百五十个项目，平均每个月都有一个多的项目。客户频频登门，为工作室带来了可观的经济收益和日益攀升的知名度。1916 年，由于职业志趣发生变化，兄弟二人各奔前程：查尔斯离开了工作室，剩下亨利一人留守，直到 1922 年工作室最终解体。在 20 世纪 30 年代的“大萧条”时期，建筑业受到巨大冲击，在此期间，格林兄弟分别以各自的能量偶尔接收一些小型项目。令人印象深刻的是，在这一时期之后，查尔斯的兴趣逐渐离开了建筑设计，转而浸身于研究东方哲学、精神主义等终极性问题，直至1957 年去世；亨利则与儿子一起生活多年，于 1954 年去世。

格林兄弟对于加利福尼亚州建筑历史的影响非常之大。他们的建筑作品将实用、舒适、自然等美学原则融为一体，以对细节的充分关注和精雕细琢实现整体之美。1960 年，格林兄弟作为最具先锋意识的现代建筑师，入选《加州五大建筑师》一书，他们的艺术遗产丰厚而广泛。

楼梯（右图）

甘波住宅中的楼梯，其精湛的木工和力学结构令人叹为观止。

Part 3
工艺美术运动其他大师及杰作

Part3

1849—1929

Gerhard Peter Frantz Munthe

格哈德·彼得·弗朗茨·蒙特

挪威画家、设计师。生于埃尔沃吕姆一医师家庭，最初学医，后从父命学习艺术，1874—1876 年在德国杜塞尔多夫随画家安德烈斯·阿琛巴赫（Andreas Achenbach，1815—1910）习画，1877—1882 年居于慕尼黑，开始追求现代主义艺术风格，绘画题材多出自故乡，以自然主义为表现手法。曾为挪威国家美术馆绘制多幅作品，参加过 1900 年全球博览会等。1890 年起开始尝试装饰设计，是挪威工艺美术运动的代表人物之一。1896—1899 年，主要从事装帧设计，他的诸多绘画作品也被织成绣帏等饰品。1882—1890 年间，为挪威奥斯陆“秋季博览会”组委会委员，1905—1907 年为挪威国家美术馆馆长。还有过公共建筑设计等作品。

《北极光之女》
蒙特1897年设计的一面织锦，采用了亚麻和毛绒等材料，描绘的主题颇具原生态意味。现藏于德国汉堡工艺美术博物馆。

室内场景（下图）
挪威一家旅行酒店内的饭厅装饰，由建筑师斯维尔和蒙特设计，图片约拍摄于1904年。室内整体传统风格鲜明，尤其木质雕刻十分精美。现为奥斯陆城市博物馆的一部分。

Part3

1853—1919

Carl Larsson

卡尔·拉尔森

瑞典画家、室内设计师。生于斯德哥尔摩郊区一贫穷家庭，13 岁时在老师的鼓励下进入瑞典皇家艺术学院学习。曾为杂志、报纸画过插图和漫画。1877 年移居法国巴黎，生活一直颇为困顿，也未能融入法国艺术家的圈子。1882 年在巴黎格雷修尔卢昂村（巴黎郊区斯堪的纳维亚艺术家聚集区）结识卡琳·贝谷（Karin Bergoo，1859—1928），不久就结成了夫妇。他们拥有八个孩子，婚后生活成为拉尔森创作的重要题材，这也是他生活和艺术共同的转折点，他的温馨家庭的水彩画影响遍及世界。他所设计的家也成为当时艺术家居室的典范之一。拉尔森也有连环画创作。1915 年完成的油画《冬至的祭品》（Midvinterblot）是其代表作之一，现为瑞典国家博物馆中的重要壁画。被誉为对世界艺术贡献最大的三位瑞典艺术家之一。

建筑外景
拉尔森所设计的家也成为当时艺术家居室的典范之一。

《闲静的角落》（下图）
拉尔森笔下的家就是洋溢着爱的空间。

水彩画画

拉尔森的作品每一幅都透出暖暖的家庭气息。

Part 3

1856—1934
Hendrik Petrus Berlage
亨德里克·彼得·贝尔利奇

荷兰建筑设计师。生于阿姆斯特丹，早年曾致力于成为画家，19 世纪 70 年代在环游欧洲后，在苏黎世理工大学师从著名建筑师森佩尔，受到建筑设计和材料运用方面的训练。1878—1881 年在德国和意大利访问实践，回国后开始从事建筑设计事业，其设计风格偏向新罗马风的砌砖技术，反对对古典和文艺复兴时期风格的一味模仿。1911 年出访美国，对赖特的有机建筑理念非常赞赏。他的观念对荷兰建筑界影响甚巨，有荷兰“现代建筑之父”的称誉。

梳妆台

贝尔利奇1896年创作的作品，橡木，并辅以精致的生铁部件。其结构精巧，细致，却也不失端庄和稳重。现藏于荷兰海牙市立博物馆。

室内场景（下图）

贝尔利奇1903年设计建造的证券交易所内部格局之一部分，其规整的结构和砖、木、玻璃共同构成的有效空间，融功能和美观于一体。

Part3

1863—1913

Okakura Tenshin

冈仓天心

日本美术活动家、美术教育家、文艺理论家。生于横滨的一个藩士家庭，幼名角三，后更名觉三，中年号天心。终生致力于美术事业，1890年参与创建日本第一所工艺美术学校东京美术学校，次年任该校校长，以其东方理想主义培养一代新画家。此后他还参与创建了日本艺术学院。1904年受邀赴美国参观波士顿的工艺美术博物馆，1910年成为该馆亚洲艺术部的首位负责人。除美国外，他还到访过欧洲、中国和印度，传播日本艺术，他的诸多艺术理论都以英文面世，以国粹派理想主义者而闻名。他的主要功绩还包括：组织鉴画会，推动日本美术复兴运动；创立日本美术院及其展览，领导新日本画运动等。他的著述包括《东方的理想》（The Ideals of the East）、《日本的觉醒》（The Awakening of Japan）、《茶书》（The Book of Tea）等。

19 世纪后半期，日本艺术设计界最主要的代表人物是冈仓天心，他被誉为近代以来日本艺术界的精神领袖，在日本艺术史上具有独一无二的重要性。他与费诺罗萨有着长期密切的往来，被视作日本与欧美之间文化艺术交流的一段佳话。1889 年，在他们两人的努力下，日本近代以来第一所美术学校——东京美术学院成立，第二年，年方二十九岁的冈仓天心受邀担任该学院院长。从此，在日本就有了一个融贯东西两路的艺术教育专门机构。

冈仓天心对欧美艺术与设计非常熟稔，但是他并不因此盲目跟从或引进，而是谋求在适当借鉴的前提下，重点保存和发展日本自身的传统艺术形态。在当时欧美主要国家已经进入快速工业化和机械化发展的情况下，经过明治改革的日本社会其实也在向着机械工业文明迈进。因此，冈仓天心所提出的具有工艺美术理念色彩的主张，其实是与当时整个社会大趋势相背离的；不过也正因如此，才显示出了艺术家对于这个社会的重要价值。冈仓天心不遗余力地通过组织俱乐部、举办展览、创办媒体等手段扩大学

室内场景

日本艺术家河井宽次郎所设计的一套住宅的主客厅装饰实景，带有工艺美术精神的朴素特质，位于东京。

Part3

校教育系统在外部社会的影响力。他在积极实践的同时，也注重进行理论总结，并与日本国内外的博物馆、美术馆保持沟通与交流。可以说，冈仓天心是当时日本艺术的一扇窗，通过他，日本人得以窥探欧美艺术并回溯自身的历史，欧美艺术家和设计师们也可以透过他来了解、借鉴日本艺术传统。

冈仓天心十分推崇工艺美术理念所倡导的自由精神，他曾说过这样一句名言："无论是对自然的模仿，还是对于名家名品的模仿，甚或对于自身的模仿，对于个性化的完成而言，都是有害而致命的。"也许有人会发出质疑：冈仓天心反对"对自然的模仿"，是否意味着他对于工艺美术精神在态度上的保留或不认同，回答应该是否定的。工艺美术精神其实是一种艺术旨向，而不是一种艺术规定。虽然欧美工艺美术理念强调对于朴素自然的回归，但这应该主要是指精神上的汇通，而不是指形态上的模仿。

冈仓天心还勤于著述。1904年，他出版了代表性著作《日本的觉醒》，以可观的篇幅回顾了日本传统文化及传统生活状态，认为新的生活样态的出现应该以传统生活方式为基础，新型文明（例如当时正处于中兴状态的机械文明）的巩固须以传统文明为根基。他在书中同时直陈，当时的很多西方人已经成了机械之习惯性的奴隶，他们被自己所制造出来的"怪物"搞得团团转，失去了本真性的自由与天然活力。在他看来，欧美人当时所建立在机械与资本基础之上的自由，其实只是人与人之间的冷漠与互不关心，他们所具有的活力，也只不过是情绪上的躁动与不安，他认为，"亚洲简朴的生活，在与因蒸汽和电力而形成的今日欧洲文明的对比中，丝毫没有自感耻辱的必要"，"亚洲的光辉，在于能够打动所有人之心胸的和平的涌动，在于君王与平民之间彼此和合相连的精神"，而崇尚机械文明的欧美文明是不具有这些优点的。

方盘子

日本设计师富本宪吉1937年设计的作品，瓷釉绘画，富有日本传统风情。现藏于日本东京国立现代艺术博物馆。

《佛教徒法然上人》
日本画家芹泽圭介1942年的一幅挂壁卷轴装饰，丝质面层，象牙卷轴，制作工艺精湛。现藏于英国维多利亚和阿尔伯特博物馆。

Part3

Part 3

1866—1924

Gerrit Willem Dijsselhof

格里特·威廉·吉赛尔霍夫

荷兰设计师。1882—1884 年在海牙美术学院求学，后去首都阿姆斯特丹，1889—1890 年在柏林、维也纳和巴黎游历。他的木雕设计十分出色，并且为多种书籍设计装帧，其中包括为英国插画家克莱恩的《装饰艺术宣言》所做的封面设计。他的设计涉及面很广，包括家具、墙纸和刺绣图样等，是荷兰最重要的工艺美术运动成员之一。晚年侧重于绘画。

《装饰艺术宣言》

吉赛尔霍夫1903年为英国设计师克莱恩著作的荷兰文译本所做的装帧设计，以木板和印刷了图案的纸做封面，该著作对荷兰工艺美术运动影响深远。

室内装饰（下图）

吉赛尔霍夫1895—1903年间为艺术家威廉·霍恩的画室所做的室内装饰设计，该画室位于阿姆斯特丹，其木构墙饰和地板，以及家具，包括特别绘制的墙纸，都严谨而工整，工艺无不精美。

Part 3

1867—1908

Joseph Maria Olbrich

约瑟夫·马里亚·奥布里希

奥地利建筑师。生于特洛泡（今属捷克），父亲拥有一家糖果店，并有一家蜡烛制作厂，这给少年时的奥布里希提供了诸多工业生产的实践机会。后入维也纳工艺美术学校求学，1893 年起随瓦格纳实践设计艺术。1897 年参与创设维也纳分离派组织，他设计了著名的分离派总部。1899 年得到德国黑森大公恩斯特·路德维希的青睐，受邀主持设计“艺术家之村”，次年被任命为教授。他在美国路易斯安那的国际博览会上得到众多的认可，成为美国建筑学会的通讯会员。

立式首饰盒

奥布里希 1901 年设计的作品，涂漆枫木材质，象牙和黄铜嵌饰。该作品的突出特点是顶端和底部的宽度不同，增强了视觉上的多样性。现藏于达姆斯塔特艺术家营地博物馆。

调味罐（下图）

奥布里希设计。土瓷，表面通过珐琅、漆彩等手段进行了美化处理。出品于约 1905 年。现藏于德国国家艺术博物馆。

Part3

1889—1961

Yanagi Soetsu

柳宗悦

日本哲学家，日本民间工艺运动的倡导者。生于东京，1916 年去朝鲜旅行，对朝鲜的民间工艺品产生极大兴趣，回国后，于 1924 年创建了朝鲜民间工艺博物馆，1926 年宣布发起民间工艺运动，拯救了无数江户时代和明治时代的工艺品。1936 年，正式创建日本民间工艺博物馆。

柳宗悦的名字与“民艺”（Folk Crafts）一词关系紧密。柳宗悦于1889年出生于东京，早年在大学里研究宗教哲学，大学毕业后，出于个人兴趣，耗费数年光阴专门研究了英国诗人兼画家布莱克（William Blake，1757—1827）的生平与成就，并以此为课题出版了一部专著，这一过程最终令他转向了艺术研究领域。在诸多艺术门类中，柳宗悦尤其对工艺美术中的陶瓷艺术兴趣浓厚，他先后对日本、中国和朝鲜的古陶瓷作品和制作工艺进行了对比性研究，并多次赴朝鲜实地探访观摩。他对陶瓷艺术几可称痴迷，这不仅在于对该艺术审美趣味的偏好，而且还投入了深厚的人道主义情怀：1919年，他在报刊上发表文章，对于朝鲜人民反抗日本统治、谋求独立自治的精神表示了钦敬，并且站在朝鲜的立场上批评日本政府。在他看来，日本陶瓷用的土与朝鲜陶瓷用的土，都是大自然之平等赐予，没有高低贵贱之分；同样的，在两块土地上繁衍生息的人也是彼此平等的。这就是柳宗悦的独特之处，能够在平凡、朴素的陶瓷艺术品中解读出如此深刻的人文要义。在他眼中，艺术品不仅具有审美价值，还具有伦理价值。

柳宗悦具有深刻的朴素意识，他常常从古旧商店中买回大量的破旧陶瓷器皿，作为自己日常生活中的餐具或其他器具来使用。他认为这些东西静静地躺在商店角落里就是死的，而被他重新使用之后就又活了。由于具有不同于常人的审美眼光，他在平时积累了大量的思考成果和审美经验。1922年，他在杂志上发表了名为《陶瓷之美》的文章，将他的审美成果和艺术理念公之于社会。他把陶瓷之美的本质理解为“亲近性”，包括人与人的亲近、人与自然的亲近以及人与神性之物的亲近等多个维度。这篇文

肖像画

画家托马斯·菲利普笔下的威廉·布莱克。

章不乏激情地论述了简朴事物所可能蕴含的惊人的美学价值，被认为是日本20世纪第一篇工艺美学专论。

从20世纪20年代开始，柳宗悦引导了一场规模浩大的“民艺运动”。所谓“民艺”一词，基本上可以被理解为“民间工艺”或者“民众性工艺”的简略语。对于这个他所要致力于研究的对象，最初他是以“下手物”一词来称呼的，但这个词语并不能完全表达他头脑中的意思，后来经过与友人的商议，方确定了“民艺”一词。

那么究竟什么是“民艺”？简单地说，“民艺”基本上可以被理解为“工艺美术”一词在日本的代名词或同义语。在柳宗悦这里，“民艺”当然是朴素的、原生性的，但是这并不意味着“民艺”只是对于历史文化或生活方式之原初性的简单回复，而是同时也关心着现在，并展望着未来。柳宗悦对此曾说道：“如果美的问题只是停留于过去和历史的话，那只不过是玩味性的鉴赏；对于我们来说，更重要的则是新作品的孕育、制作与

室内场景

位于东京的日本民艺美术馆大门厅，这座美术馆由柳宗悦发起，成立于1936年，是日本工艺美术的一个“圣地”。

发展。相较于与过去的联系来说，它与未来的关系更加重要。”

1936年，柳宗悦创办了实体性的民艺美术馆。该馆的《筹办旨趣说明》很好地总结了柳宗悦对“民艺”的综合理解：“如果要追求从自然之中产生的健康、朴素和活力之美，那就必须进入到民艺的世界。或许是由于民艺与人们日常生活结合得过于紧密，以至于人们对自己身边那些普通的物品失去了审美兴致”，民艺美术馆“收集的作品主要是工艺品，也就是经由手工制作而得到的实际生活用品，特别是民众所使用的日常生活杂具。但是迄今为止，能够认识到这些物品所蕴含的惊人的审美价值的人却寥寥无几”，“美是潜伏在世界的各个角落里的，但是与那些华丽、繁复的装饰品比较而言，反倒是这些出自无名工匠之手的大众日用物品的丑陋之处更少些，它们没有虚伪的装饰，只有自然、天真、健康与自由”，“工艺之美是具有亲切感的美，是富含人情味的美。在大多数人都沉迷于虚伪情感和华丽矫饰的今天，能够感受到这种真切之美，难道人们不应该为此而激动吗？只有当美产生于自然、融入于民众、成为人日常生活的朋友之时，才可以被认为是一个正确的年代。”

《84岁时的本人雕像》
这是日本18世纪僧人木食圣人创作于1801年的作品，柳宗悦曾对此做过研究和考证，这也是柳氏走上“民艺”道路的一个重要环节。现藏于日本民艺博物馆。

Part 4
工艺美术运动的材料

工艺美术理论者对于社会生活的反思，首先奠基于对于社会生活的观察，而这种观察的最初指向往往就是建筑空间。这是因为人的生活形态和社会的存在形态，在很大程度上就直接反映在空间结构和空间形态的构成之中。与此相关的问题，是由工业文明的演进而引起新型材料的出现。与工艺美术设计与创作关系紧密的，主要有木材、纺织材料、陶瓷、纸张等。

Part 4

4.1 木材

在工艺美术设计中，木材的使用主要表现在室内家具领域。工艺美术运动的艺术家和工匠们在这一领域大大突破了由中古时代遗留下来的技法，他们努力从历史资源中汲取养分，助力于锻造自己新的艺术构思，力图消解英国陈旧的艺术思维和艺术实践（尤其是18世纪以来的）对于自由生活样式的限制，同时竭力避免机械的介入。如果说以往的家具设计一般都强调家具与房间整体上的搭配性与协调性的话，那么工艺美术风格的家具设计则更加强调家具自身的特征，突出制作家具的材料本身具有的美学价值（大多采用未经加工的原木），以及制作工艺方面的人情味和道德性。

家具设计理念的变迁不仅仅是一种艺术兴趣的变化，更是一种艺术方式和家居态度的变化。木材虽然自古有之，但工艺美术运动的设计师们致力于用新的眼光打量木材，力求发掘木材中所蕴含的天然之美。出自他们之手的家具往往都不再仅有一种功能，例如一把椅子不仅可以用来休息，还可以附加有支架作为托盘或挂架；再如床可以被设计为便于挪动、折叠和调整角度的变形效果。这些技术方案，虽然在今天看来已经没有多少新奇，但在当时来说都属于前卫的理念。其作品在形式上也更多地注重借鉴

扶手椅

美国设计师斯蒂克利1901年设计制作的沙发式座椅，选用材料为橡木和皮革。坚固的榫卯结构令作品整体显得非常结实而可靠。现由私人收藏。

组合书桌

英国设计师查尔斯·沃塞 1896 年创作的作品，金属铰链延伸而为柜门的雕刻装饰，是整体构造严肃中的谐谑，也使结构衔接自然。现藏于英国维多利亚和阿尔伯特博物馆。

Part 4

礼堂椅

苏格兰设计师麦金托什1901年创作的作品。橡木，面层由手工打磨抛光。现藏于格拉斯哥大学亨特里安艺术陈列室。

梳妆台

英国设计师巴恩斯雷约1896年创作的作品，由设计师在格洛斯特郡的平伯利工场制作完成，橡木，网格状的木条是镜子的背托，整体木工手工艺十分精到。

自然界的线条和图案，令人在休息或睡眠时可以有回归自然怀抱的美妙遐想。工艺美术设计师们还非常强调创作中想象力的重要——这与机械秩序的千篇一律形成鲜明的对比。他们主张任何家具除了具有基本功能之外，还应该被赋予更多的体贴身心的附加价值。通过对图案造型的精心筹划，以及对木材本身的精巧加工，家具往往被当做雕塑来构思。此外，工艺美术精神虽然强调单个人的创作性以及单个作品的独特性，但也强调在家具设计中打破单个构思、单个设计的传统思维，强调构思的整体关联性，主张“一揽子”整体方案的设计效果。另一方面，家具设计与制作理念的革新，也影响了建筑设计领域的变革：在19世纪的大部分时间里，无论是家具设计还是建筑设计，都被认为应该能够尽可能地体现通透性和简约性的原则，尽量使室内获得最多的空间和自然光照。工艺美术理念认为，与自然的接近就是在表达对机械的藐视，同时也是对神性的接近。

工艺美术运动中的家具设计制作理念，有时也会招来不少批评：很多评论家认为，虽然工艺美术者们主张通过回溯历史以借取资源，但实际上他们却在指向未来的方向上走得太远了，与传统的决裂过于强烈了，甚至进入了一种设计上的无政府状态。这些看法是有其道理的，因为当时的很多艺术家确实不仅仅是美学上的激进者，甚而是政治上的活跃分子，他们当中的很多人都是社会主义方案的支持者。

Part 4

4.2 织物

欧洲织造物的社会化发展起源于英国，而英国正是工艺美术运动的发源地。早在 19 世纪初，英国就利用其强大的军事和商业力量进行广泛的海外商贸拓展，在棉花、丝绸、皮毛等方面，与德国、意大利、法国、荷兰、中国等进行竞争，由此很快在纺织物加工和生产方面建立起了比较领先的地位。通过在国际博览会进行展览以及海外贸易，英国的织造物很快在整个欧洲获得了广阔的市场。在这一过程中，工艺美术设计大师莫里斯扮演了重要角色：1880 年前后，他开办的纺织物艺术设计加工厂在英国享有盛名，以至于其他国家的设计者、艺术家、制造商等都纷纷到他的工厂就纺织、轧花印染、刺绣技术等参观访问。在很大程度上可以说，是莫里斯最早将纺织品推广应用于家居室内装饰领域，引导了纺织品在工艺美术运动中的重要地位。

除了英国之外，法国巴黎的织造技术也有不少可圈可点之处。巴黎一向崇尚浪漫风情，织造物为其提供了绝好的展示舞台。在法国，纺织品常常被用来制作成壁挂一类装饰物品，上面印染有花朵、动物、风光、人物

《灵魂的演进》（局部）爱尔兰艺术家特拉奎尔于1895—1902 年创作的作品，丝线和金线平板刺绣，亚麻质地。该作品共有四幅组成，图示为第四幅画面的局部放大，可以看到极其精致的刺绣针脚和构图效果。现藏于苏格兰国立美术馆。

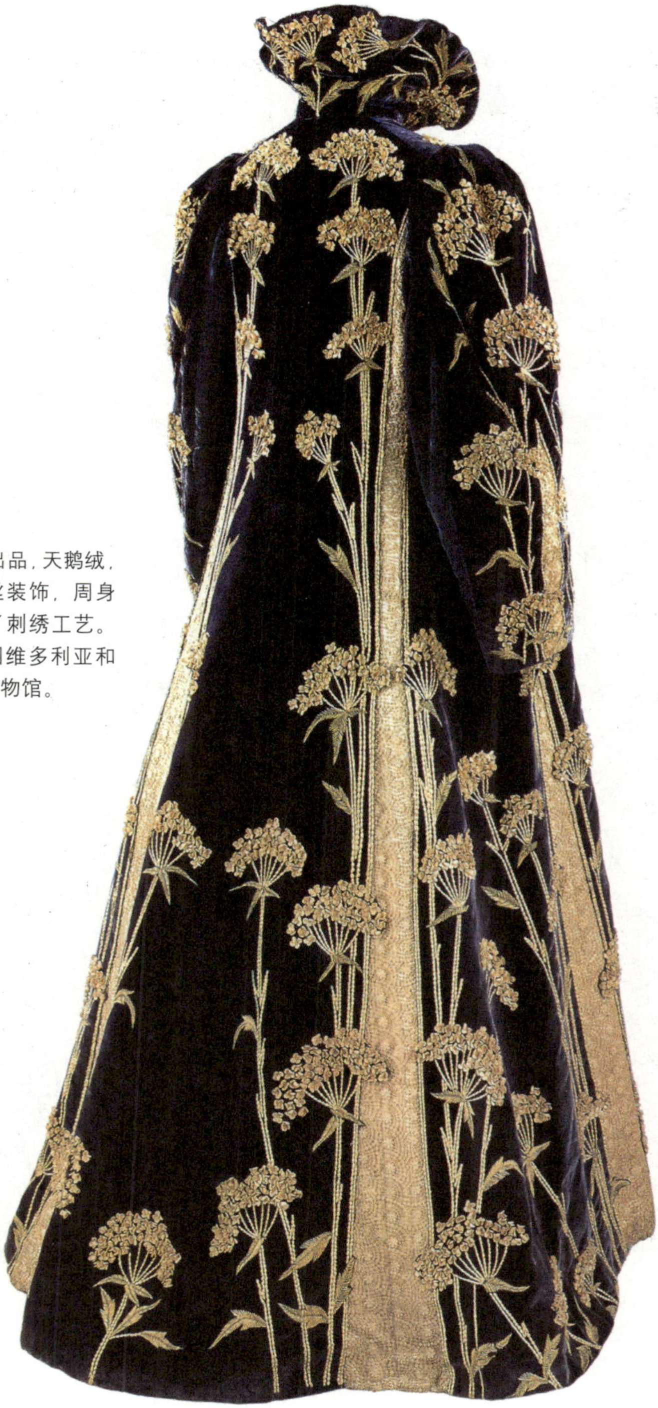

长袍

约1900年出品，天鹅绒，缎子和蕾丝装饰，周身多处采用了刺绣工艺。现藏于英国维多利亚和阿尔伯特博物馆。

《猫头鹰》

英国设计师奈威尔约 1905—1908 年设计制作的挂毯，羊毛和亚麻材质。现藏于伯明翰艺术和设计研究院。

等形象，丝绸、棉花等材料的独特性能都被尽可能地挖掘和展示出来。在英国和其他欧洲国家之间的织造物工艺品交流互动方面，尽管早期存在着激烈的竞争，但也有着紧密的相互依赖关系。一方面，很多欧洲大陆国家需要从英国输入纺织成品或技术，另一方面，英国纺织品的主要市场也在欧洲大陆国家。在艺术旨趣方面，纺织品所表现的艺术形象具有多样性特征。除了人们所喜闻乐见的之外，还常常会有出人意料的题材，例如德国的一些设计师有时会把一些有毒植物或凶猛动物的形象赋予织造物饰品，给人以另类的感觉。

工艺美术运动中的织造工艺品还具有鲜明的地理特征和民族特色，彼此之间的差异有时候很大，甚至令人难以相信它们是在同样的时代、在同一种艺术理念的框架下形成的。此外，尽管织造物工艺品主要出产于、并且也主要服务于城市区域，但是作品中却常常不乏乡村风味和手工艺的趣味，有的织品甚至完全出自手工缝制。

领饰

苏格兰女艺术家钮伯丽约1900年制作的刺绣作品，真丝质地，辅以贴花和玻璃珠饰。作品色调柔和，工艺精湛。现藏于英国维多利亚和阿尔伯特博物馆。

Part 4

4.3 陶瓷

工艺美术精神的一个方面，是倾向于强调自然和原生态事物的意义和价值。而用以制作陶器的泥土等材料，就是最能体现这种自然精神的原始素材。对于陶器来说，赋予它相较于纸材、木材、纺织品等而言更多人文内涵的，是火的使用，因为在人的原始生存状况中，火无疑具有极高的实用重要性和象征性含义，火甚至是人在原始生存阶段的神圣图腾，因此火本身也就具有了更多的艺术内涵。

陶瓷的设计与制作，是工艺美术者们得以施展其艺术才能的重要领域。在欧洲，陶器开始被不折不扣地称为艺术，陶器加工者被称为艺术工作者，工艺美术运动的发展是一个重要契机。仅在此前不久的 19 世纪中期，陶器还主要停留在突出其使用功能的工具性物品的意义上，主要用于日常生活，陶器制造者和加工者也主要被视为工人或者工匠而不是艺术家。工艺美术中某些理念和理论的提出，在一定程度上弥合了这种分裂，陶器不再仅仅被视作由泥土、瓷、石头等材料做成的实用性器皿，而是具有了很高的审美价值和艺术内涵，这种价值和内涵也不仅仅体现在陶器表面所被赋予的色彩、图案上，还体现在陶器本身的加工技艺和造型设计上。

水罐
芬兰艺术家芬契约 1898 年设计，上釉土瓷，由波沃的伊利斯工场制作。现藏于美国佛罗里达国际大学。

《春泉》

英国设计师雷德格拉夫 1847 年设计的花瓶，1865 年明顿公司出品。陶瓷，珐琅绘画。现藏于英国维多利亚和阿尔伯特博物馆。

花瓶

匈牙利兹奥内陶瓷工场 19 世纪后期出产，现藏于英国维多利亚和阿尔伯特博物馆。

工作场景

约 1890 年美国洛克伍德陶瓷厂中正在为陶瓷产品做手工绘饰的女工们。该公司产品在 1889 年的巴黎博览会上获得了金奖。

在工艺美术运动中，英国是在陶器设计制作领域取得最大成就的国家。英国建有很多陶瓷工坊，里面常年有为数众多的工人在进行制作，甚至可说是创作，许多陶工就是陶器设计者。虽然不能说全部，但有不少从事陶器加工与制作的机构和个人得到了政府的惠顾和支持。借助于这种优势，英国的手工陶器生产相对较快地获得了发展。英国之外，法国、丹麦、德国、瑞典等国家在这方面也扮演了重要角色。

陶器对于工艺美术运动的贡献是多种多样的。在最基本的意义上，陶器所内涵的技术性是其他艺术形式所无法替代的。对于设计者来说，陶器无论是在造型构思还是在面层修饰方面，都给设计者提供了广泛的实践空间。陶器还是一种综合了多种艺术手法的工艺品，它需要雕塑、绘画、漆彩等艺术手段的综合使用，此外还需要对地质、矿物、化学等知识的了解，因而陶器除了具有艺术价值之外，还具有较高的科学意义上的价值含量。在当时各类主要工艺品中，陶器是与手工制作关系最为紧密的。而手工化，正是工艺美术运动所着力强调的一点。

花瓶

英国约1903年出品的一款陶瓷花瓶，以绿色和金色的花朵及优雅的线条装饰，由斯塔福德郡陶工穆克罗夫特设计，詹姆斯·麦金太尔公司出品。

Part4

Part 4

4.4 纸张

纸材在工艺美术创作中的使用，主要体现在招贴画创作和书籍刊物制作等方面。纸的发明虽然远远早于工艺美术运动时代，但是它在民间和艺术创作中的广泛使用，是随着工业时代的来临而实现的。纸材使用的普遍化促成了书籍、画册、招贴画等各类出版物的普遍化，这些是工艺美术理念得以广泛传播的重要途径。机械制造技术的进步也大大改良了印刷工艺，为纸工艺品的迅猛发展提供了技术基础。这里有一个有趣的现象：工艺美术设计师们虽然在一般意义上反对机械对于艺术设计的介入，但是他们很多设计精美的著作，却又是借助于机械技术来完成装帧装订的。

在各类艺术形式中，招贴画或许是最能形象地体现时代变迁的，也是工艺美术运动中纸艺作品的典型，它们被广泛地张贴在城市的各个角落，成了时代变迁中的都市的一个缩影，也是整个工艺美术运动发展的缩影。1896 年，在一篇题为《招贴画时代》的文章中这样写道："没有什么比形形色色的招贴画更能生动地反映这个时代的特点了，它们色彩斑斓，设计图案富于变化，构思充满了想象力。"招贴画的流行不仅反映了艺术品的多样化，而且也表明了艺术取向上的娱乐化，同时也美化了原本单调乏味

书籍封面

英国设计师普里迪阿克斯 1901 年应法国主顾之邀而做，栗色山羊皮质地，金线嵌饰，并辅有刻花工艺。现藏于英国维多利亚和阿尔伯特博物馆。

《四季》（部分）

英国插画设计师苏姆纳 1893 年的系列版画作品，水彩平涂技法，彩色嵌印。现藏于英国维多利亚和阿尔伯特博物馆。

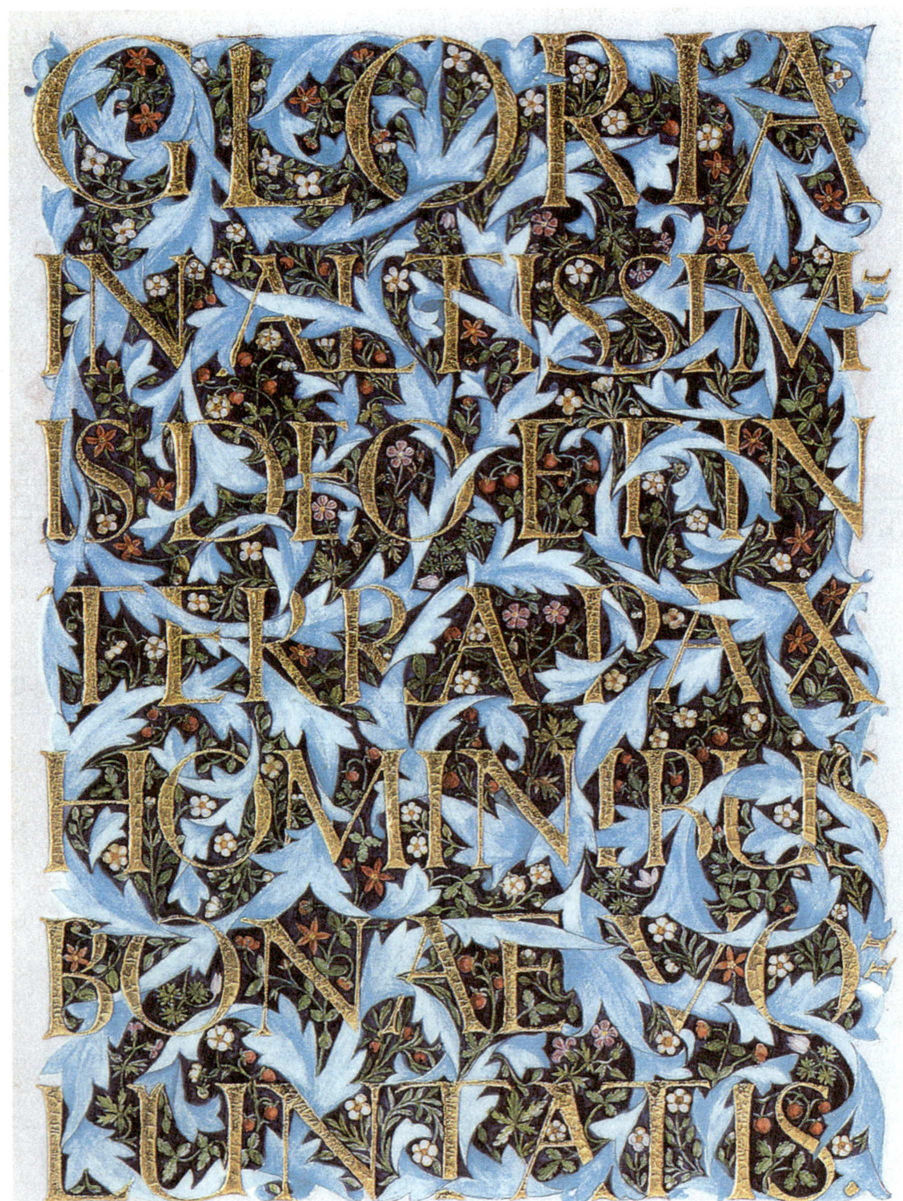

书法手稿

英国女设计师鲍威尔 1905 年的纸上手绘字符作品，牛皮纸，花饰打底，金粉描字。现藏于英国维多利亚和阿尔伯特博物馆。

插画

英国艺术家、插画大师克莱恩为图书《伊索的孩子》所绘制的扉页和卷首插画，该书于 1877 年在伦敦出版。

的城市街道。与图画相伴随的是艺术字体的使用。不论是古老的欧洲文字还是阿拉伯文、日文等东方文字，都可以经常在招贴画和书画刊物中发现。随着招贴画艺术实践的流行，很多刊物和书籍都开始以此为课题，专门研究招贴画的意义，这从理论上促成了招贴画在艺术圈内的合法化，并且强化了它们的艺术价值。在英国和法国都出现了专门介绍招贴画历史的刊物，集中收录了在当时比较流行的招贴画作品。这其中影响力最大的是创办于 1893 年的英国的《工作室》（Studio）杂志，它大力倡导各种艺术类别和艺术形式在价值上的平等性，对于工艺美术运动起到了很强的推波助澜的作用。在美国，由于其商业运作更加发达，招贴画运动的发展也比欧洲更具有的多样性，纽约很多家报纸和刊物都大量刊登过插图和招贴画。美国的招贴画艺术虽然源于欧洲，但是却超越了欧洲，形成了新的流派和风格，并且也有了更为广泛的应用平台。

纸材的发展为招贴画艺术的繁荣提供了载体基础，而招贴画的流行既给艺术增加了新的意义，也为日常生活增添了新的趣味。就艺术来说，高雅与通俗在存在形态和价值含义上都不再有严格的界限了，所有艺术形式都逐渐走向彼此平等的关系和地位。就生活来说，一切“上手”的东西都具有了艺术化的并且也是更加大众化的存在形式。而这，正是工艺美术运动所希望达成的目标。

图书在版编目（CIP）数据

艺匠的理想：工艺美术运动大师及杰作 / 心安工作室编．—上海：上海科学技术文献出版社，2018（2022.1 重印）
（设计改变世界系列）
ISBN 978-7-5439-7628-3

Ⅰ．①艺… Ⅱ．①心… Ⅲ．①工艺美术—艺术家—介绍—世界—现代②工艺美术—作品综合集—世界—现代 Ⅳ．①K815.72 ② J531

中国版本图书馆 CIP 数据核字（2018）第 124699 号

责任编辑：苏密娅

设计改变世界系列
艺匠的理想：工艺美术运动大师及杰作
心安工作室　编
出版发行：上海科学技术文献出版社
地　　址：上海市长乐路 746 号
邮政编码：200040
经　　销：全国新华书店
印　　刷：河北环京美印刷有限公司
开　　本：700mm×1000mm　1/16
印　　张：15
字　　数：300 000
版　　次：2022 年 1 月第 2 次印刷
书　　号：ISBN 978-7-5439-7628-3
定　　价：78.00 元
http://www.sstlp.com